# Implementierung von Service-Qualität basierend auf ISO/IEC 20000

## Ein Management-Leitfaden

# Implementierung von Service-Qualität basierend auf ISO/IEC 20000

## Ein Management-Leitfaden

MICHAEL KUNAS

IT Governance Publishing

IT Governance Publishing
IT Governance Limited
Unit 3, Clive Court
Bartholomew's Walk
Cambridgeshire Business Park
Ely
Cambridgeshire
CB7 4EH
United Kingdom
*www.itgovernance.co.uk*

Erstveröffentlichung im Vereinigten Königreich 2012 von IT Governance Publishing.

ISBN 978-1-84928-331-1

# VORWORT

2011 war ein wichtiges Jahr für IT-Service-Management und besonders für die Norm ISO/IEC 20000, und das aus verschiedenen Gründen. Erstens ist die ISO/IEC 20000-1: 2011 bereits im April erschienen und die Publikation der neuen Version ISO/IEC 20000-2:2011 ist in Arbeit.

Zweitens können wir eine Zunahme von Ausschreibungen der US-Regierung verzeichnen, die ISO/IEC 20000 zur Grundlage für Regierungsaufträge machen.

Vor kurzem forderte die US-Luftwaffe eine ISO/IEC 20000-Zertifizierung von den Zulieferern für ihr Enterprise Integration and Services Management (EISM) System.

Die Ausschreibung erforderte:

„Der Hauptzulieferer muss einen Beweis der ISO/IEC 20000-Zertifizierung (Kopie der Zertifizierung) vorlegen. Diese Zertifizierung muss auf dem organisatorischen Niveau des Anbieters gehalten werden, der den Vertrag durchführt."

Weiter heißt es: „Der Hauptzulieferer muss die ISO/IEC 20000-Zertifizierung mindestens während des gesamten Leistungszeitraums des Vertrags besitzen".

Nicht zuletzt sind mehr Ausschreibungen, die die ISO/IEC 20000-Zertifizierung erfordern, auf dem Weg: Das US-Verteidigungsministerium, NIST und das Büro für US-Veteranen haben eine Präferenz für ISO/IEC 20000-Zertifizierungen für bevorstehende Helpdesk-Angebote angezeigt.

# GELEITWORT

Dieser Management-Leitfaden ist das Resultat einiger Zufälle.

Eigentlich suchte ich nach einer spanischen Version des Management-Leitfadens für ISO/IEC 27000 von Alan Calder. Nachdem der Kontakt mit Alan Calder hergestellt war, folgten anregende Diskussionen. Am Ende gab man mir die Gelegenheit, diesen Management-Leitfaden für die Norm ISO/IEC 20000 zu schreiben.

Die andere Seite der Geschichte ist wie folgt:

Plato sagte einmal, es gibt vier Dinge, die ein Mann in seinem Leben tun sollte:

1 Dass er einen Baum pflanzen sollte.

2 Dass er ein Buch schreiben sollte.

3 Dass er ein Kind bekommen sollte.

4 Dass er ein Haus bauen sollte.

Eins, drei und vier sind bereits getan, hier kommt also das Buch!

# ÜBER DEN AUTOR

**Michael Kunas** ist ISO/IEC 20000 Lead-Auditor und ITSM-Consultant. Er lebt mit seiner Frau und seinem Sohn in Nordrhein-Westfalen (Deutschland). Er hat über 15 Jahre Erfahrung in allen Bereichen der Informatik.

Nach Abschluss seines Masters in Computer Science in Deutschland ging er für eine Weile nach England, wo er an einem Buch über eine Mathematik-Software mitarbeitete. Nach 12 Jahren in der spanischen Sonne ist er nun wieder in die heimatlichen Gefilde zurückgekehrt. In seiner Freizeit liest er gerne Science-Fiction-Bücher.

# DANKSAGUNG

Eine Vielzahl von Personen hat dazu beigetragen, dieses Buch zu ermöglichen. Dazu gehört Alan Calder, der die Gelegenheit und Ermutigung zum Schreiben dieses Management-Leitfadens gab. Ein weiterer Dank geht an Vicky Utting, die dieses Projekt in Gang gesetzt hat. Ein spezieller Dank geht an John Custy, Managing Consultant bei der JPC Group, Chris Evans, ICT Compliance Manager, London Fire Brigade, H.L. (Maarten) Souw RE, IT-Auditor, UWV, und Agustin Lopez Neira, Lead-Auditor und Trainer, ISO27000.es, für ihre große Hilfe und ihr Feedback. Sie halfen mit sorgfältiger Lektüre des Buches und Beratung, die auf jahrelanger Erfahrung basiert.

Dank auch an Naomi Laredo für das Lektorat des Buches. Und schließlich, ohne die technische und emotionale Unterstützung von Angela Wilde wäre das Buch nicht gestartet oder fertiggestellt worden.

# INHALT

# Inhalt

# EINFÜHRUNG

Dieser Management-Leitfaden bietet einen Überblick über die Anforderungen der Implementierung eines Service-Management-Systems, das den Anforderungen der ISO/IEC 20000:2005 entspricht. Außerdem enthält er alle Neuerungen der überarbeiteten Version ISO/IEC 20000:2011.

„Implementierung von Service-Qualität basierend auf ISO/IEC 20000" ist an CIOs, Projektleiter, Auditoren und Consultants in IT-Beratungen, IT-Dienstleistern und anderen Unternehmen gerichtet, die IT-Dienste anbieten und dabei die Norm implementieren wollen, um ihren Kunden zu zeigen, dass sie den höchsten Standard an Qualität in ihren Services anbieten.

Dieses Buch ist als Management-Leitfaden zu ISO/IEC 20000 gedacht, daher hat es wenig Information über die Hintergründe und die Geschichte der Norm ISO/IEC 20000. Es ist ein Überblick über die Implementierung, kein detaillierter Implementation-Guide, und es ist kein Ersatz für das Lesen und das Studium der Norm selbst.

# KAPITEL 1: EINFÜHRUNG IN DIE ISO/IEC 20000

Der „ISO/IEC 20000 IT Service Management Standard", von den Organisationen ISO (International Organization for Standardization) und IEC (International Electrotechnical Commission) am 14. Dezember 2005 veröffentlicht, ist die international anerkannte Norm für das IT-Service-Management. Die ISO/IEC 20000-Serie basiert auf der BS15000-Serie, entwickelt von der British Standards Institution (BSI).

Das Ziel der ISO/IEC 20000 ist es, einen gemeinsamen Referenz-Standard für alle Unternehmen, die IT Dienstleistungen für interne oder externe Kunden anbieten, zu etablieren. Ein weiteres Ziel ist es, eine gemeinsame Terminologie zu fördern. So liefert die Norm einen wichtigen Beitrag zur Kommunikation zwischen Dienstleistern, Lieferanten und Kunden.

## Was sind die Vorteile der Implementierung und Zertifizierung nach ISO/IEC 20000?

Die Antwort auf diese Frage wird sich natürlich von Unternehmen zu Unternehmen unterscheiden. Allerdings ist die folgende Liste eine ziemlich gute Darstellung der gemeinsamen Ergebnisse:

- Verbesserte Qualität der Dienstleistung
- Erhöhtes Geschäfts- und Kundenvertrauen
- Verbesserte Reputation, Konsistenz und Interoperabilität
- Kontinuierliche Verbesserung gesichert

- Optimierte und kontrollierte Kosten, durch transparente und optimierte Strukturen

- Management und Mitarbeiter verstehen ihre Rollen und Prozesse besser

- Marktvorteil durch ein Zertifikat, ausgestellt von einer anerkannten, unabhängigen Zertifizierungsstelle

- Service-Management in den gesamten Geschäftsprozess integriert.

Der integrierte Prozessansatz ist aus dem Service-Management-Framework ITIL® in die Norm überführt worden. Dieses Framework ist in einem Prozessmodell positioniert, das ein Teil des Qualitäts-Management-Systems und ein wichtiges Instrument in der Kommunikation mit dem Kunden ist. Das Framework zeigt, welche Prozesse das Service-Delivery steuern und kontinuierlich verbessern.

Obwohl eine sehr enge Verbindung zwischen ISO/IEC 20000 und ITIL besteht, sind sie nicht vollständig angeglichen. Dies beruht teilweise auf dem grundlegenden Unterschied zwischen einer Norm und einem Framework. Die wichtigsten Unterschiede sind wie folgt:

- Die Anforderungen der ISO/IEC 20000 sind völlig unabhängig von Organisationsstruktur und Größe, während ITIL Beratung und Optionen für einige Aspekte der Organisationsstruktur umfasst.

- Managementaufgaben, darunter der Plan-Do-Check-Act (PDCA) -Zyklus mit seinen kontinuierlichen Verbesserungsanforderungen, sind grundlegend für ISO/IEC 20000, während in ITIL die Beratung auf einzelne Prozesse ausgerichtet ist.

- ISO/IEC 20000 enthält Business-Relationship-Management und Lieferanten-Management-Prozesse, die nicht vollständig durch ITIL abgedeckt sind.

- In ISO/IEC 20000 ist Service-Reporting ein separater Prozess, während ITIL auf Service-Reporting als Teil aller seiner Prozesse Bezug nimmt.

- Service-Continuity- und Service-Availability-Management sind in ISO/IEC 20000 kombiniert worden, während sie in ITIL weiterhin separate Prozesse sind.

## Abbildung 1: Die Beziehung zwischen ISO/IEC 20000 und ITIL

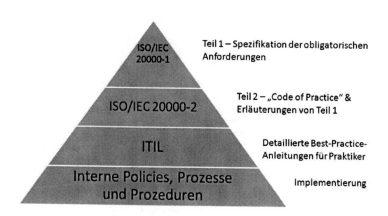

ISO/IEC 20000-1 — Teil 1 – Spezifikation der obligatorischen Anforderungen

ISO/IEC 20000-2 — Teil 2 – „Code of Practice" & Erläuterungen von Teil 1

ITIL — Detaillierte Best-Practice-Anleitungen für Praktiker

Interne Policies, Prozesse und Prozeduren — Implementierung

# KAPITEL 2: SERVICE-QUALITÄT UND ISO/IEC 20000

## Was ist Qualität?

Nach Angaben der American Society for Quality (ASQ) ist Qualität wie folgt definiert: „Eine subjektive Bezeichnung, für die jede Person oder Branche ihre eigene Definition hat. Im technischen Umfeld kann die Qualität zwei Bedeutungen haben:

1 Die Eigenschaften eines Produktes oder einer Dienstleistung bezüglich ihrer Eignung, festgelegte oder vorausgesetzte Erfordernisse zu erfüllen.

2 Ein Produkt oder eine Dienstleistung frei von Mängeln."

Die Norm ISO9000 definiert Qualität in folgender Weise: „Ausmaß, in dem eine Reihe inhärenter Merkmale Anforderungen erfüllt". (Hinweis: Der Begriff „Qualität" kann mit Adjektiven wie schlecht, gut oder ausgezeichnet verwendet werden. „Inhärent", im Gegensatz zu „zugeordnet", heißt bestehend in etwas, speziell eine bleibende Eigenschaft.)

Die Norm ISO8402-94 definiert Qualität als: „Eine Reihe von Merkmalen eines Unternehmens, die dieser Einrichtung die Möglichkeit geben, zum Ausdruck gebrachte und implizite Bedürfnisse zu befriedigen."

In dieser dritten Definition von Qualität erscheint ein weiteres Konzept, das in dieser Norm berücksichtigt werden muss: die Zufriedenstellung von expliziten und impliziten Bedürfnissen.

Service-Qualität ist das erste Konzept, das durch jede Organisation berücksichtigt werden muss, die versucht, ein Service-Management-System (SMS) zu implementieren.

Qualität im IT-Service-Management ist einer der wichtigsten Bestandteile bei der Lieferung von IT-Dienstleistungen. Folglich spielt Service-Qualität-Management eine immer wichtigere Rolle in der globalen IT-Service-Management-Umgebung.

Qualität wird erreicht, wenn der Kunde einen Mehrwert durch die Nutzung von IT-Services erlebt. Die Gewährleistung dieses Mehrwerts in Bezug auf Verfügbarkeit, Performance, Kontinuität und Sicherheit in der täglichen Arbeit ist genauso wichtig wie die technische Unterstützung von Anwendungen und automatisierten Aufgaben.

Das IT-Service-Management-System basierend auf ISO/IEC 20000 erfordert die aktive Umsetzung und die permanente Überwachung eines Risiko-Management-Systems.

ISO/IEC 20000 besteht aus zwei Teilen, Teil 1: Spezifikation (die neue Version ISO/IEC 20000-1:2011 heißt „Anforderungen an ein Service-Management-System") und Teil 2: Code of Practice (die neue Version ISO/IEC 20000-2:2011[?] heißt „Allgemeine Verfahrensregeln für Service-Management"). Teil 1 enthält die Anforderungen, Teil 2 die Leitlinien, Empfehlungen und Best-Practices für die Umsetzung dieser Anforderungen. Teil 1 ist sehr kompakt gehalten, die Anforderungen sind aufgelistet mit „muss" (shall) -Aussagen. Teil 2 ist etwas ausführlicher geschrieben, er wiederholt die Anforderungen von Teil 1 und enthält die Grundlagen, die Ausarbeitung und notwendige Dokumentation für jede dieser Anforderungen. Teil 2 verwendet die „sollte" (should) -Form in den meisten seiner Aussagen.

# KAPITEL 3: DIE ISO/IEC 20000-FAMILIE UND IN VERBINDUNG STEHENDE NORMEN

Die Norm ISO/IEC 20000 ist in die folgenden fünf Teile gegliedert:

1 Teil 1: ISO/IEC 20000-1:2011 – Anforderungen an ein Service-Management-System

2 Teil 2: ISO/IEC 20000-2:2005 – Praxisleitfaden

3 Teil 3: ISO/IEC TR 20000-3:2009 – Leitfaden für die Festlegung des Geltungsbereichs und der Anwendbarkeit der ISO/IEC 20000-1

4 Teil 4: ISO/IEC PRF TR 20000-4:2010 – Prozess-Referenzmodell

5 Teil 5: ISO/IEC TR 20000-5:2010 – Beispiel-Implementierungsplan für ISO/IEC 20000-1.

Alle fünf Teile der ISO/IEC 20000 können auf der folgenden IT-Governance-Webseite gefunden werden: *www.itgovernance.co.uk/catalog/47*.

Die zweite Ausgabe von Teil 1 wurde am 12. April 2011 veröffentlicht. Teil 2 ist derzeit noch im Überarbeitungsprozess und wird wahrscheinlich Anfang 2012 mit dem folgenden neuen Titel veröffentlicht: „Teil 2: ISO/IEC 20000-2:2011[?] – Allgemeine Verfahrensregeln für Service-Management."

In der Zwischenzeit sind verschiedene andere Normen in Bezug auf die ISO/IEC 20000-Familie interessant geworden:

• ISO/IEC 20000-8 – Ein exemplarisches Assessment-Modell für das IT-Service-Management

- ISO/IEC 90006 – Leitlinien für die Anwendung der ISO9000:2008 für das IT-Service-Management
- ISO/IEC 27013 – Leitlinien für die integrierte Umsetzung der ISO/IEC 20000-1 und ISO/IEC 27001
- ISO/IEC 19770 – Internationale Reihe von Normen für das Software-Asset-Management (SAM).

**ISO/IEC 20000-1:2005**

Die ISO/IEC 20000-1:2005 fördert die Einführung eines integrierten Prozessansatzes, um Managed-Services effektiv bereitzustellen, und um Geschäfts- und Kundenanforderungen gerecht zu werden. Damit eine Organisation wirksam funktionieren kann, muss sie miteinander verknüpfte Tätigkeiten identifizieren und verwalten. Koordinierte Integration und Implementierung der Service-Management-Prozesse liefern eine laufende Kontrolle, höhere Effizienz und Möglichkeiten für eine kontinuierliche Verbesserung. Alle Anforderungen werden mit „muss"-Aussagen aufgelistet.

**ISO/IEC 20000-2:2005**

Die ISO/IEC 20000-2:2005 ist ein Praxisleitfaden. Er beschreibt die Best-Practices für die Service-Management-Prozesse im Rahmen der ISO/IEC 20000-1. Dieser Praxisleitfaden ist von besonderem Nutzen für Organisationen, die hinsichtlich der ISO/IEC 20000-1 geprüft werden sollen, oder die Service-Verbesserungen planen.

# 3: Die ISO/IEC 20000-Familie und in Verbindung stehende Normen

## ISO/IEC 20000-1:2011

Die ISO/IEC 20000-1:2011 ist die zweite Ausgabe von ISO/IEC 20000-1. Sie ersetzt die Ausgabe aus dem Jahr 2005. Die wichtigsten Unterschiede sind:

- Neun zusätzliche Seiten, darunter eine erweiterte Einführung, zusätzliche Anforderungen und neue und aktualisierte Definitionen.

- Ein neuer Titel: „Service-Management-Systeme – Anforderungen" statt „Spezifikationen".

- Engere Ausrichtung an die ISO9001 „Qualitäts-Management-System – Anforderungen".

- Engere Ausrichtung an die ISO/IEC 27001 „Information-Security-Management – Anforderungen".

- Engere Ausrichtung an das ITIL V3 Best-Practice-Framework.

- Hinzufügen von vielen weiteren Definitionen, Aktualisierung von einigen Definitionen und Entfernung von zwei Definitionen.

- Einführung des Begriffs „Service-Management-System" (SMS).

- Die Kombination von Klausel 3 und 4 der ISO/IEC 20000-1:2005 Ausgabe, um alle Anforderungen an das Management-System in einer Klausel zu kombinieren.

- Klärung der Anforderungen für die Steuerung von Prozessen, die von anderen Parteien betrieben werden.

- Klärung der Voraussetzungen für die Festlegung des Umfangs der SMS.

- Klärung der Anwendung der Norm.

- Klarstellung, dass die PDCA-Methodik innerhalb des SMS gilt, einschließlich der Service-Management-Prozesse und Services.

- Einführung von neuen Anforderungen für das Design und die Umstellung von neuen oder veränderten Dienstleistungen.

- Neun Klauseln statt zehn – die Release-Management-Klausel wurde entfernt und in die Kontrollprozess-Klausel integriert.

- Service-Request wurde in die Resolutionsprozess-Klausel im Incident-Management-Prozess aufgenommen.

- Genauere Dokumentations-Management-Anforderungen.

- Deutlicherer Budgeting-und-Accounting-Abschnitt, einschließlich der Service-Komponenten, die aufgenommen werden sollten.

- Genauere Angaben über den Inhalt von Verträgen mit Lieferanten.

In Bezug auf die Zertifizierung von Organisationen wird es wahrscheinlich einen Zeitraum von 18 bis 24 Monaten ab der Veröffentlichung von Teil 1 geben, um einen fließenden Übergang zu ermöglichen.

## Abbildung 2: Vergleich zwischen ISO/IEC 20000-1:2005 und 2011

| ISO/IEC 20000-1:2005 | ISO/IEC 20000-1:2011 |
|---|---|
| Anwendungsbereich | Anwendungsbereich |
| Begriffe und Definitionen | Normative Verweise |
| Anforderungen an ein Management-System | Begriffe und Definitionen |

| ISO/IEC 20000-1:2005 | ISO/IEC 20000-1:2011 |
|---|---|
| Planung und Implementierung von Service-Management | Allgemeine Anforderungen an ein Service-Management-System |
| Planung und Implementierung neuer oder geänderter Services | Design und Übergang neuer oder geänderter Services |
| Service-Delivery-Prozesse: SLM, Service-Reporting, Service-Continuity und - Availability, Budgeting und Accounting für IT-Services, Capacity-Management, Information-Security-Management | Service-Delivery-Prozesse: SLM, Service-Reporting, Service-Continuity und - Availability, Budgeting und Accounting für IT-Services, Capacity Management, Information-Security-Management |
| Relationship-Prozesse: Business-Relationship-Management, Supplier-Management | Relationship-Prozesse: Business-Relationship-Management, Supplier-Management |
| Resolution-Prozesse: Incident und Problem | Resolution-Prozesse: Incident und Service-Request, Problem |
| Control-Prozesse: Configuration und Change | Control-Prozesse: Configuration und Change, Release und Deployment |
| Release-Prozess: Release-Management | |

## ISO/IEC 20000-2:2011

Die ISO/IEC 20000-2:2011 ist eine Überarbeitung der ISO/IEC 20000-2:2005, mit einem neuen Titel: „Anleitung zur Anwendung". Sie wird wahrscheinlich Anfang des Jahres 2012 veröffentlicht werden. Die Struktur des Dokuments ist identisch mit der ISO/IEC 20000-1:2011. Für jeden Prozess werden die folgenden Informationen mit in die Norm aufgenommen:

- Intention der Anforderungen
- Konzepte
- Erläuterung der Anforderungen
- Dokumente und Aufzeichnungen
- Behörden und Zuständigkeiten
- Schnittstellen und Integration.

## ISO/IEC TR 20000-3:2009

Die ISO/IEC TR 20000-3:2009 enthält Leitlinien zur Festlegung des Geltungsbereichs, zur Anwendbarkeit und zur Demonstration der Konformität für Service-Provider, die den Anforderungen der ISO/IEC 20000-1 entsprechen wollen, oder für Service-Provider, die Service-Verbesserungen planen und dabei beabsichtigen, ISO/IEC 20000 als Business-Ziel zu verwenden. Sie kann auch Service-Providern helfen, die ISO/IEC 20000-1 für die Implementierung eines Service-Management-Systems (SMS) erwägen, und die spezifische Beratung brauchen, ob ISO/IEC 20000-1 für ihre Verhältnisse gilt, und wie man den Anwendungsbereich ihres SMS definieren müsste.

## ISO TR 20000-4:2010

Der Zweck der ISO/IEC TR 20000-4:2010 ist es, die Entwicklung eines Prozess-Assessment-Modells (PAM) nach Prozess-Assessment-Prinzipien gemäß ISO/IEC

15504 zu erleichtern. Die ISO/IEC 15504-1 beschreibt die Konzepte und die Terminologie, die für das Prozess-Assessment verwendet werden. Die ISO/IEC 15504-2 beschreibt die Anforderungen für die Durchführung einer Bewertung und enthält eine Messskala für die Beurteilung der Prozessfähigkeit.

Das Prozess-Referenz-Modell in der ISO/IEC TR 20000-4:2010 ist eine logische Darstellung der Elemente der Prozesse innerhalb des Service-Managements, die auf einer grundlegenden Ebene durchgeführt werden können. Bei der praktischen Anwendung des Referenz-Modells sind möglicherweise zusätzliche Elemente erforderlich, die der Umgebung und den Umständen angepasst werden müssen.

## ISO/IEC TR 20000-5:2010

Die ISO/IEC TR 20000-5:2010 enthält einen Beispiel-Implementierungsplan. Sie gibt Hinweise, wie ein Service-Management-System zu implementieren ist, um den Anforderungen der ISO/IEC 20000-1 gerecht zu werden. Sie ist für Service-Provider gedacht, die Service-Verbesserungen planen und beabsichtigen, die ISO/IEC 20000 als Business-Ziel zu verwenden. Sie ist aber auch nützlich für die Beratungsfirmen, die Service-Providern zeigen, wie man am besten den Anforderungen der ISO/IEC 20000-1 entspricht.

Die ISO/IEC TR 20000-5:2010 enthält Ratschläge für Service-Provider, wie man Verbesserungen in der geeigneten Reihenfolge plant und durchführt. Es wird vorgeschlagen, dass ein generischer Drei-Phasen-Ansatz verwendet wird, um ein Service-Management-System zu implementieren. Die schrittweise Vorgehensweise bietet einen strukturierten Arbeitsrahmen, um die Umsetzungs-aktivitäten zu priorisieren und zu verwalten.

Die ISO/IEC TR 20000-5:2010 dient nur zur Orientierung. Der Service-Provider kann natürlich eine eigene Reihenfolge der Einführung eines Service-Management-Systems bestimmen.

## ISO/IEC 20000-8

Dieses Prozess-Assessment-Modell (PAM), das auf dem Prozess-Referenz-Modell von ISO/IEC 20000-4 beruht, ermöglicht die Beurteilung der Fähigkeit von IT-Service-Management-Prozessen nach den Prinzipien der ISO/IEC 15504. Die ISO/IEC 20000-8 war für Herbst 2011 geplant, Anfang 2012 ist aber wahrscheinlicher.

## ISO/IEC 90006

Dieser technische Bericht, für 2013 geplant, wird eine Anleitung zur Anwendung der ISO9001:2000 auf die neueste Version der ISO/IEC 20000-1 enthalten. Er beab-sichtigt, eine gemeinsame und weltweite Interpretation der Gemeinsamkeiten und Unterschiede zwischen den Anforderungen sowohl der ISO9001 und der ISO/IEC 20000-1 zu etablieren. Es ist beabsichtigt, Unternehmen bei der Annahme und Prüfung der Management-Systeme nach den Anforderungen der beiden Normen zu unterstützen.

## ISO/IEC 27013

Diese Norm ist noch in der Entwicklungsphase. Derzeit noch im Status „Arbeitsentwurf", wird sie Leitlinien für die Umsetzung eines integrierten Informations-Sicherheits-

und IT-Service-Management-Systems, basierend auf den Normen ISO/IEC 27001 und ISO/IEC 20000-1, enthalten, da sich diese Management-Systeme perfekt ergänzen und einander unterstützen. Die Veröffentlichung wird nicht vor Mitte 2012 erwartet. Beide Normen werden dann an diesem Punkt ausgerichtet sein. Es ist möglich, dass die resultierenden Normen dual-nummeriert sind, als ISO/IEC 20000-13 und als ISO/IEC 27013. Darin soll die Nutzung innerhalb der beiden Serien von Normen reflektiert werden.

## ISO/IEC 19770

Die ISO19770 ist eine internationale Reihe von Normen für das Software-Asset-Management (SAM). SAM ist eine Voraussetzung für Unternehmen, die Prozesse und Verfahren effektiv managen wollen, um die Einhaltung der gesetzlichen Anforderungen und Software-Verträge zu sichern. Die ISO19770 hat eine sehr starke Verbindung mit ISO20000. Sie ist in sechs Hauptabschnitte aufgeteilt:

1  Kontrollumfeld

2  Planung und Umsetzung

3  Inventar

4  Überprüfung und Einhaltung

5  Operations-Management

6  Lifecycle.

## Abbildung 3: Die ISO/IEC 20000-Serie

| Verwandte Normen | Die ISO/IEC 20000 Serie | | |
|---|---|---|---|
| **ISO/IEC 90006**<br><br>Leitfaden für die Anwendung von ISO 9000:2008 für das IT-Service - Management | **ISO/IEC 20000-8**<br><br>Beispiel-Bewertungsmodell für das IT-Service-Management (ISO/IEC 15504-8) | | |
| **ISO/IEC 27013**<br><br>Leitfaden für die integrierte Implementierung von ISO/IEC 20000-1 und ISO/IEC 27001 | **ISO/IEC 20000-1**<br><br>Anforderungen eines Service-Management-Systems | | **ISO/IEC TR 20000-4**<br><br>Prozess-Referenzmodell für das Service-Management |
| **ISO/IEC 19770**<br><br>Software-Asset-Management | **ISO/IEC 20000-2**<br><br>Leitlinien für die Implementierung von Service-Management-Systemen | **ISO/IEC TR 20000-3**<br><br>Leitlinien für die Festlegung des Geltungsbereiches und der Anwendbarkeit von ISO/IEC 20000-1 | **ISO/IEC TR 20000-5**<br><br>Beispiel-Implementierungsplan für ISO/IEC 20000-1 |

# KAPITEL 4: FRAMEWORKS UND MANAGEMENT-SYSTEM-INTEGRATION

Die ISO/IEC 20000 wurde entwickelt, um mit Management-Systemen, die auf dem Deming Cycle basieren, wie z.b. ISO9001, ISO14001 und ISO27001, zu harmonisieren. Dies ermöglicht ein vollständig integriertes Management-System, das die Zertifizierung nach ISO/IEC 20000, ISO9001, ISO14001 und ISO27001 erreichen kann.

## ISO9000

ISO9000 bezieht sich auf eine Reihe von Normen für Qualität und kontinuierliches Qualitäts-Management, die von der International Organization for Standardization (ISO) etabliert wurden. Sie können durch jede Organisation und ihre Tätigkeiten zur Erzeugung von Waren oder Services eingesetzt werden.

Die Regeln umfassen sowohl die Mindestinhalte wie auch die spezifischen Leitlinien und Umsetzung-Tools, wie z.B. Audit-Methoden. ISO9000 spezifiziert, wie eine Organisation ihre Ansprüche an Qualität, Lieferzeiten und Service-Levels definieren sollte. Es gibt mehr als 20 Elemente in den Normen ISO9000, die sich auf das Betreiben von Systemen beziehen.

## ISO14000

Heute, mehr als je zuvor, ist Umwelt-Management ein wichtiges Thema für den Erfolg eines jeden Unternehmens. Für viele ist die Antwort ein Umwelt-Management-System

(EMS), ein Framework für die Bewältigung der Auswirkungen, die in der Umwelt auftreten. Neben der Reduzierung der negativen Auswirkungen auf die Umwelt kann ein EMS Kosten senken, die Effizienz verbessern und helfen, dem Unternehmen Wettbewerbsvorteile zu erzielen.

Die ISO14000 ist eine international anerkannte Norm für das Etablieren eines effektiven EMS. Sie wurde entworfen, um eine Balance zwischen der Erhaltung der Rentabilität und der Verringerung der Umweltauswirkungen zu finden. ISO14000 kann von jeder Organisation jeder Größe und Branche eingesetzt werden, die ihre Auswirkungen auf die Umwelt verbessern und gleichzeitig Umweltgesetze erfüllen will.

## ISO/IEC 27000

Information ist ein wichtiges Instrument für den Erfolg und die Kontinuität auf den Märkten von jeder Organisation. Die Sicherheit dieser Information und der Systeme, die sie verarbeiten, sind daher ein primäres Ziel für alle Organisationen.

Für die ordnungsgemäße Verwaltung der Informations-Sicherheit muss daher ein Information-Security-Management-System existieren, das diese Aufgabe in einer methodischen, dokumentierten Weise angeht und außerdem auf klaren Zielen der Sicherheit und Risikobewertung basiert.

Die ISO/IEC 27000 ist ein Satz von Normen, der von der ISO (International Organization for Standardization) und der IEC (International Electrotechnical Commission) etabliert wurde, und der ein Framework für das Information-Security-Management darstellt.

## ITIL

ITIL kann als eine Sammlung von Best-Practices definiert werden. Diese werden in einer Reihe von Publikationen, die eine mögliche Umsetzung eines IT-Service-Managements (ITSM) beschreiben, dargelegt. ITIL beschreibt ein umfassendes Set von Management-Verfahren, die entwickelt wurden, um Organisationen dabei zu helfen, höchste Qualität und Effizienz in ihrem IT-Betrieb zu erreichen. Diese Verfahren sind lieferantenunabhängig und wurden entwickelt, um als Leitfaden für die gesamte Infrastruktur, Entwicklung und den IT-Betrieb zu dienen. ITIL ist Eigentum des britischen Office of Government Commerce (OGC), das nun Teil der neuen Efficiency and Reform Group (ERG) im neuen Cabinet Office ist, und wird von der OGC gepflegt.

## COBIT

Für viele Unternehmen stellen die Informations- und Technologielösungen ihre wertvollsten Vermögenswerte dar, aber sie werden oft nur unzureichend verstanden. Erfolgreiche Unternehmen erkennen die Vorteile der Informationstechnologie und verwenden sie, um den Wert ihrer Stakeholder zu erhöhen. Diese Unternehmen verstehen auch die damit verbundenen Risiken wie erhöhte regulatorische Anforderungen und die kritische Abhängigkeit vieler Geschäftsprozesse von der IT.

Das Bedürfnis nach Sicherheit über den Wert der IT, Management von IT-Risiken und erhöhte Anforderungen an die Kontrolle von Informationen werden jetzt verstanden als zentrale Elemente der Corporate-Governance. Wert, Risiko und Kontrolle bilden den Kern der IT-Governance.

IT-Governance integriert und institutionalisiert Good-Practices, um sicherzustellen, dass die IT die Business-Ziele des Unternehmens unterstützt.

COBIT (Control Objectives for Information und Related Technology) ist das international anerkannte Framework für IT-Governance und teilt die Aufgaben der IT in Prozesse und Control-Objectives.

COBIT definiert in erster Linie nicht, wie die Anforderungen umzusetzen sind, sondern was umgesetzt werden muss.

Die COBIT-Mission ist es, eine Reihe von allgemein anerkannten Control-Objectives für die Informationstechnologie zu untersuchen, zu entwickeln, zu veröffentlichen und zu fördern, die autorisiert sind, aktualisiert und international eingesetzt werden durch Business-Manager (einschließlich der Führungskräfte) und Wirtschaftsprüfer.

COBIT wurde ursprünglich von der Information Systems Audit and Control Association (ISACA) entwickelt. Seit 2000 ist eine Schwesterorganisation der ISACA, das IT Governance Institute, für die Entwicklung und Aktualisierung von COBIT zuständig.

# KAPITEL 5: ANFORDERUNGEN AN EIN SERVICE-MANAGEMENT-SYSTEM

Um erfolgreich Service-Qualität zu realisieren, definiert die erste Prozessgruppe der Norm ISO/IEC 20000 die Grundsätze einer erfolgreichen Umsetzung eines Service-Management-Systems. Dieses Service-Management-System ermöglicht es uns, unsere IT-Services effektiv zu verwalten und zu implementieren.

Die Norm fordert ein Service-Management-System, das die folgenden Punkte erfüllt:

- Führungsverantwortung
- Governance von Prozessen, die durch andere Parteien betrieben werden
- Dokumentations-Management (Strategien und Pläne, Service-Dokumentation, Verfahren, Prozess- und Prozesskontroll-Aufzeichnungen)
- Ressourcen-Management.

Wie können wir ein solches Service-Management-System entwickeln, das die oben genannten Anforderungen abdeckt? In welchen Dokumenten oder Prozessbeschreibungen müssen wir die Voraussetzungen für die Einhaltung ablegen?

## Führungsverantwortung

Ziel ist es, die Verantwortlichkeiten für die Umsetzung des Service-Management-Systems auf der obersten Ebene des Dienstleisters zu etablieren. Das Management muss sich seiner Verantwortung bewusst sein und das Service-

Management-System und seine Strukturen unterstützen, die für die Errichtung und Wartung von Services notwendig sind. Durch klare Führung und aktive Aktionen muss das Top-Management einen nachprüfbaren Beweis erbringen, dass es seinen Verpflichtungen nachkommen kann, Service-Management-Funktionen umzusetzen und zu optimieren.

Die Aufgaben des Managements sind die folgenden:

- Etablieren der Service-Management-Strategien, -Ziele und -Umsetzungspläne (Policies und Procedures).
- Vermittlung der Bedeutung der Erreichung der Service-Management-Ziele.
- Sicherstellung, dass die Kundenanforderungen ermittelt und Maßnahmen ergriffen werden, um diese Bedürfnisse zu erfüllen.
- Ernennung eines Mitglieds der Geschäftsleitung, der für die Koordination und Verwaltung aller Services verantwortlich ist.
- Identifizieren und Bereitstellen von Ressourcen für die Planung, Durchführung, Überwachung, Überprüfung und Verbesserung des Service-Delivery und des Service-Managements.
- Einrichtung und Implementierung eines Risiko-Management-Systems für Service-Management-Organisationen und -Dienste.

## Praktische Empfehlungen zur Umsetzung der Führungsverantwortung

Um die oben genannten Verpflichtungen zu erfüllen, muss die Verantwortung für das Service-Management-System einem Mitglied der Geschäftsleitung, das über ausreichende Befugnisse verfügt, zugewiesen werden. Diese Person wird von einer Management-Gruppe unterstützt, die zur Entscheidungsfindung beiträgt. Dieser Management-Verantwortliche wird so auch zum Besitzer des gesamten Service-Management-Systems.

*Service-Management-Policy*

In der Service-Management-Policy etablieren wir die Grundsätze der Management-Struktur, die als verbindliche Richtlinie für die weitere Anwendung in allen anderen Policies und Procedures angenommen werden sollte.

Die Service-Management-Policy dokumentiert die Absicht des Managements, die angebotenen Services – im Service-Katalog dokumentiert – auszurichten, um Kundenwert zu generieren und Geschäftsziele zu erreichen.

Die konsequente Ausrichtung auf die etablierten Frameworks und Normen definiert, wie die Strategie des Unternehmens zu erreichen ist.

*Service-Management-Plan*

Der IT-Service-Management-Plan ist ein Dokument, das verwendet wird, um die jährliche Planung des Service-Managements zu strukturieren. Der Plan definiert Aufgaben, Fristen und Verantwortlichkeiten für den erfolgreichen Abschluss der verschiedenen Aktivitäten innerhalb der IT-Organisation. Der verantwortliche Manager bestimmt den Rahmen für diese Planung in enger Abstimmung mit den verschiedenen Prozesseigentümern. Dieser Jahresplan ist die Basis für die Schaffung des kontinuierlichen Verbesserungsprozesses – Plan, Do, Check, Act (PDCA) – nach ISO/IEC 20000.

Die Umsetzung des Plans kann nur erfolgreich sein, wenn dieser mit den Stakeholdern, den Kunden, wichtigen Lieferanten und Führungskräften in der Organisation vereinbart wird.

Die Services, die von der Service-Management-Organisation angeboten werden, müssen in Business-Sprache in einem Service-Katalog dokumentiert und beschrieben werden. Dieser Katalog bildet den Rahmen für alle Aktivitäten. Zur ordnungsgemäßen Ausübung jeder Aufgabe sind entsprechende Policies eingebunden.

Ein Service-Management-Plan sollte erstellt werden, in dem die verschiedenen individuellen Ziele für das kommende Geschäftsjahr verbucht werden. Dazu gehören die Umfragen, Budgetplanung, Kontinuität-Tests, Termine und Zuständigkeiten der verschiedenen Management-Aktivitäten, wie zum Beispiel Change-Advisory-Boards, Prozess-Reviews und Kundenzufriedenheit. Darüber hinaus setzt er Fristen und Verantwortlichkeiten für den erfolgreichen Abschluss der verschiedenen Aktivitäten.

**Anforderungen an die Dokumentation**

Der Service-Provider muss die Unterlagen und Aufzeichnungen bereitstellen, die die Management-Prozesse unterstützen. Dies ermöglicht eine effektive Planung, Durchführung und Kontrolle der Service-Management-Prozesse.

Das Dokumentations-Management bietet ein komplettes System für eine lückenlose Kontrolle und Regulierung aller Dokumente und Informationen. Dokumente und Daten werden den verwendeten Systemen für die ordnungsgemäße Abwicklung des Service-Managements zugeordnet. Dieses System wird über das firmeninterne Intranet kontrolliert, verwaltet und aktualisiert. Wir brauchen hier eine klar definierte verantwortliche Person für alle Dokumente, Daten und Systeme.

Alle relevanten Aktivitäten müssen in Form von Datensätzen (Records) erfasst werden, die leicht zu finden sind. Records sind Pläne, Berichte und Protokolle der Geschäftstätigkeit. Sie sind eine große Hilfe für den kontinuierlichen Verbesserungsprozess (PDCA) einer IT-Organisation.

Der Service-Manager muss sicherstellen, dass das Service-Management-System geprüft werden kann. Alle Unterlagen und Aufzeichnungen, die als Teil eines Dokumenten-Management-Systems vorgesehen sind, sind notwendig für diesen Audit-Prozess.

Die folgenden Angaben müssen in Bezug auf die Dokumentation gemacht werden:

- Policies und Umsetzungspläne sind zu dokumentieren.
- Service-Level-Agreements (SLAs) müssen dokumentiert werden.
- Prozesse und Verfahren sind in Übereinstimmung mit dieser Norm zu dokumentieren.
- Aufzeichnungen über das wirksame Funktionieren der Prozesse müssen dokumentiert werden.
- Ein Dokumenten-Management-System, das die Verfahren und Zuständigkeiten für die Erstellung, Prüfung, Freigabe, Wartung, Entsorgung und Verwaltung von Dokumenten und Aufzeichnungen abdeckt, muss erstellt werden.

## Praktische Empfehlungen zur Umsetzung des Dokumentations-Managements

Für die Erstellung und Verwaltung von Dokumenten und Datensätzen muss ein Prozess eingerichtet werden. Die Dokumente sind die Grundlage und das Fundament für die Hinweise, dass die Service-Management-Richtlinien eingehalten werden.

Zwischen zwei wesentlichen Elementen müssen wir unterscheiden:

- Dokumente (Documents), die die Pläne und Absichten enthalten
- Datensätze (Records), die die wirksame Umsetzung demonstrieren.

Es ist nachzuweisen, dass das Service-Management nicht nur auf dem Papier existiert, sondern dass es tatsächlich in allen Prozessen angewandt wird. Dieser Nachweis muss ganzheitlich zur Verfügung gestellt werden. Es ist die Verantwortung des Managements, dass alle Richtlinien und Prozesse dokumentiert, mitgeteilt, verfolgt, überwacht und verbessert werden.

### Dokumentations-Policy

Um auch wirklich die Service-Management-Ziele zu erreichen, braucht man feste Richtlinien und Prozessdokumentation. Eine wesentliche Grundlage erreicht man durch die Schaffung einer Dokumentations-Management-Policy, die die Leitlinien und Grundsätze für die wirksame Umsetzung der Norm ISO/IEC 20000 zur Verfügung stellt.

*Dokumentationsstruktur*

Um einen vollständigen Überblick über das Service-Angebot zu bekommen, sollte ein Service-Katalog mit allen aktiven IT-Services erstellt und gepflegt werden. Der Service-Katalog dient als ein wichtiges Dokument, um die Erwartungen der Kunden festzuhalten. Wegen der Bedeutung dieses Dokumentes sollten die Kunden und die Support-Mitarbeiter des Service-Providers Zugang zum Service-Katalog erhalten.

## Abbildung 4: Tabelle mit erforderlichen Policies, Plänen und Prozessen

| ISO/IEC 20000-1:2011 | Policies | Pläne | Prozesse |
|---|---|---|---|
| Anwendungs-bereich | | | |
| Normative Verweise | | | |
| Begriffe und Definitionen | | | |
| Service-Management-System, allgemeine Anforderungen | Service-Management, kontinuierliche Verbesserung | Service-Management, internes Audit | |

| ISO/IEC 20000-1:2011 | Policies | Pläne | Prozesse |
|---|---|---|---|
| Design und Übergang neuer oder geänderter Services | | Neuer Service | |
| Service-Delivery-Prozesse – SLM, Service-Reporting, Service-Continuity- und -Availability, Budgeting und Accounting für IT-Services, Capacity-Management, Information-Security-Management | Service-Level, Service-Reporting, Service-Continuity und -Availability, Budgeting und Accounting für IT-Services, Capacity-Management (alle in Service-Management enthalten), Information-Security-Management | Service-Reporting, Service-Continuity, Service-Availability, Budgeting und Accounting, Capacity, Security | Service-Level, Service-Reporting, Service-Continuity und -Availability, Budgeting und Accounting für IT-Services, Capacity-Management, Information-Security-Management |
| Relationship-Prozesse – Business-Relationship- und Lieferanten-Management | Business-Relationship-Management, Lieferanten-Management (alle in Service-Management enthalten) | | Business-Relationship- und Lieferanten-Management |

| ISO/IEC 20000-1:2011 | Policies | Pläne | Prozesse |
|---|---|---|---|
| Resolution-Prozesse – Incident- und Service-Request-Management, Problem-Management | Incident- und Service-Request-Management, Problem-Management (alle in Service-Management enthalten) | | Incident- und Service-Request-Management, Problem-Management |
| Control-Prozesse – Change- und Configuration-Management, Release- und Deployment-Management | Change- und Configuration-Management, Release- und Deployment-Management (alle in Service-Management enthalten) | Configuration, Change, Release und Deployment | Configuration, Change, Release und Deployment |

Toolkits, die alle notwendigen Unterlagen enthalten, können auf der folgenden IT-Governance-Webseite gefunden werden: *www.itgovernance.co.uk/catalog/47*.

## Ressourcen-Management

Ein entsprechendes Management-System soll sicherstellen, dass all diejenigen, die eine leitende Funktion innerhalb eines Service haben, auch die richtigen Qualifikationen für ihre Rolle besitzen. Die dazu erforderlichen Kenntnisse und

Fähigkeiten für jede Rolle sollten in Ihrem Service-Management-System definiert werden.

Die Norm verlangt die folgenden Spezifikationen:

- Alle Service-Management-Rollen und -Verantwortlichkeiten müssen mit den nötigen Fähigkeiten für eine wirksame Umsetzung definiert werden.

- Kompetenz des Personals und Ausbildungsbedarf sollten regelmäßig überprüft werden.

- Das Top-Management ist dafür verantwortlich, dass alle Mitarbeiter sich über die Relevanz und die Bedeutung ihrer Tätigkeit und ihren Beitrag zu den Service-Management-Zielen bewusst sind.

### Praktische Empfehlungen zur Umsetzung des Ressourcen-Managements

Die dynamischen und technologischen Fortschritte im Bereich des Service-Managements erfordern kontinuierliche Weiterbildung und Schulung von Mitarbeitern. Als Teil der jährlichen Zielvereinbarungen und der Anforderungen der Service-Management-Planung müssen die Schulungsbedürfnisse der Mitarbeiter definiert und ein jährlicher Trainingsplan entwickelt werden. Alle Schulungen sollten auf ihre Wirksamkeit überprüft werden.

Um spezielle Bedürfnisse zu bestimmen, muss der Service-Provider im Voraus die spezifischen Kompetenzen für jede Rolle im Service-Management bestimmen. Es sollten detaillierte Aufzeichnungen für jeden Mitarbeiter über seine Ausbildung, Fähigkeiten und Erfahrungen vorhanden sein.

Eine enge Zusammenarbeit mit der Personalabteilung ist zu empfehlen, da diese in der Regel bereits über Details des Ausbildungsniveaus des gesamten Personals informiert ist.

## Professionelle Personalentwicklung

Der Service-Provider muss kontinuierlich die Entwicklung der beruflichen Kompetenzen der Mitarbeiter vorantreiben. Folgende Bereiche sollten gezielt angesprochen werden:

* Recruitment
* Planning
* Training und Personalentwicklung.

Alle relevanten Aspekte des Service-Managements, der Team-Zusammenarbeit und der Führungsqualitäten benötigen in Bezug auf Weiterbildung und Personalentwicklung besondere Aufmerksamkeit.

Es wird empfohlen, Teams mit aktiven Mitarbeitern und neuen Mitarbeitern zu bilden, um die vereinbarten Leistungen mit den kombinierten Fähigkeiten zu bieten. Ebenso muss ein Gleichgewicht zwischen internen (Know-how) und externen Mitarbeitern (mit spezifischem Know-how) gefunden werden.

# KAPITEL 6: DEFINITION DES SCOPES

Bei der Beantragung der Zertifizierung muss ein Service-Provider zuerst über den Scope des Dienstes entscheiden, über den er geprüft werden soll, und diesen dann mit dem ISO/IEC 20000-Auditor im Vorfeld der Prüfung abstimmen. Für Zertifizierungs-Audits ist ein RCB (Registered Certification Body) verantwortlich für die Validierung des Scopes, die als Voraussetzung für die Zertifizierung gilt.

Die Scoping-Anforderung für ein Service-Management-System (SMS) ist in Klausel 4.1 a) der ISO/IEC 20000-1:2005-Spezifikation enthalten, während sie in der neuen Version, ISO/IEC 20000-1:2011, in Abschnitt 4.5.1 zu finden ist.

Eine Organisation kann die Zertifizierung für die gesamte Organisation oder für einen Teil dieser Organisation beantragen. Für die Zertifizierung ist es unerheblich, ob die Prozesse im Rahmen der Prüfung vollständig von einer einzigen Organisation durchgeführt oder teilweise durch andere Organisationen ausgeführt werden.

Die Scoping-Anweisung sollte explizit regeln:

- Die durch den Audit geprüften Services
- Geografische oder Standort-Grenzen (z.B. ein Standort, eine regionale oder nationale Grenze)
- Organisatorische oder funktionale Grenzen
- Ausgelagerte Prozesskomponenten (z.B. die Erfassung von Leistungsdaten des Capacity-Managements).

Als Richtwert gilt, ein Service-Provider sollte in der Lage sein, sehr einfach die folgenden Daten zu liefern:

- Eine klare Definition des Scopes der Services und der Infrastruktur im Rahmen der ISO/IEC 20000-Zertifizierung.

- Die Schnittstellen zwischen den Prozessen, mit Klarheit darüber, wie sie durch den Service-Provider kontrolliert werden.

- Informationen über die Rolle von in der Leistungserbringung Beteiligten und die Schnittstellen zu anderen Organisationen, einschließlich der Kunden und Lieferanten des Service-Providers.

Ein typisches Beispiel für die Festlegung des Scopes ist wie folgt:

Die <Service(s)> für <Kunden> innerhalb der <technischen> und <organisatorischen> Grenzen der <legalen Einheit> an <Standorten>.

Beispiele für Scopes von bereits zertifizierten Organisationen können gefunden werden auf:
*www.isoiec20000certification.com/home/*
*ISOCertifiedOrganizations/ISOCountryListings.aspx.*

## ISO/IEC TR 20000-3:2009

Dieser Teil der ISO/IEC 20000 wird Ihnen helfen, den Scope zu definieren, wenn Sie erwägen, mit ISO/IEC 20000-1 die Implementierung eines Service-Management-Systems (SMS) durchzuführen. Es wird Ihnen auch helfen, wenn Sie spezielle Ratschläge darüber benötigen, ob ISO/IEC 20000-1 auch für Ihren Bereich der Organisation gilt.

Es zeigt Ihnen anhand praktischer Beispiele, wie Sie den Scope Ihres SMS definieren, unabhängig davon, ob Sie bereits Erfahrungen mit anderen Management-System-Normen haben.

Dieser Teil der ISO/IEC 20000 gibt eine Liste der wichtigsten Punkte zur Scope-Definition, über die Anwendbarkeit der ISO/IEC 20000-1 und den Nachweis der Konformität zu ISO/IEC 20000-1. Es enthält auch Beispiele für Scope-Definitionen, die nach den Umständen der Service-Provider variieren können.

# KAPITEL 7: GAP-ANALYSE

Wie bei allen großen Projekten, die in einem Unternehmen durchgeführt werden, müssen wir zuerst die Ziele des Projekts (das „Was") zeigen. Auf der anderen Seite müssen die Vorteile und der Nutzen für das Unternehmen (das „Warum") dem Top-Management präsentiert werden, bevor das ISO/IEC 20000-Projekt begonnen werden kann.

Die ISO/IEC 20000 sollte nicht als Selbstzweck gesehen werden. Die IT-Mitarbeiter würden so nur gestresst werden, ohne dabei einen Mehrwert für sie zu schaffen. Die ISO/IEC 20000-Zertifizierung muss vielmehr als das Ergebnis eines größeren IT-Service-Management-Programms gesehen werden. Das gesamte Programm zielt auf die Kundenorientierung und Effizienz der IT-Organisation und verwandelt sie in eine IT-Service-Organisation.

Ein ISO/IEC 20000-Projekt ist keine leichte Aufgabe und sollte als ein Projekt geplant werden, das mehrere Projekte von Anfang an koordiniert und verwaltet. Vor Beginn dieser Planung sollte eine Gap-Analyse durchgeführt werden, um die Ausgangslage zu bestimmen. Die folgenden Faktoren sollten im Wesentlichen bei einer solchen Analyse berücksichtigt werden:

- Das Projekt-Management-System
- Das Prozess-Management-System
- Das Dokumenten-Management-System
- Der Service-Katalog
- Die Service-Management-Tools
- Das Bildungsniveau der beteiligten Service-Management-Teams.

Das Studium der Prozessreife der Service-Organisation ist eine wichtige erste Information für das ISO/IEC 20000-Programm. Diese Messungen können Aufschluss über die zu erwartenden Anstrengungen und Aufgaben in der ISO/IEC 20000-Implementierung geben. Darüber hinaus sollten diese Messungen mindestens einmal jährlich wiederholt werden, um die kontinuierliche Verbesserung der IT-Service-Management-Prozesse zu überwachen. Die Ergebnisse dieser Messungen sollten ein integraler Bestandteil des Prozessverbesserungsplans sein.

Die wichtigsten Themen für die Gap-Analyse kommen natürlich aus der Norm selbst, nämlich aus Teil 1 und 2 des ISO/IEC 20000. Abgesehen von diesen beiden Quellen, die zu Beginn der Analyse verwendet werden sollten, gibt es andere Tools, die berücksichtigt werden sollten.

IT-Service-Management- und ISO/IEC 20000-Toolkits können Sie auf der folgenden IT-Governance-Webseite finden: *www.itgovernance.co.uk/iso20000.aspx*.

# KAPITEL 8: PLANUNG UND IMPLEMENTIERUNG VON SERVICE-MANAGEMENT

Bei der Planung und Umsetzung der Service-Management-Anforderungen müssen Prozesse und definierte Verantwortlichkeiten berücksichtigt werden. Ein Service-Management-System (SMS) ist die Basis dafür. Die Entwicklung eines SMS ist eine anspruchsvolle Aufgabe und erfordert Verständnis für den Zweck, die Strategien, die Ziele und die eingebundenen Prozesse. Diese Beziehung wird als die Planung und Umsetzung des Service-Managements verstanden. Für eine erfolgreiche Umsetzung des Service-Management-Systems macht die Norm eine Referenz zum etablierten Deming Cycle: Plan, Do, Check, Act (planen, tun, checken, agieren).

Der Deming Cycle wird nicht nur im gesamten Service-Management-System angewandt, sondern sollte auch als Grundlage für die Umsetzung aller nachfolgenden Service-Management-Prozesse gelten.

## Planen

Das Ziel dieses Prozesses ist es, die Implementierung und den Betrieb des Service-Management-Systems zu planen. Der gesamte Service-Management-Plan muss mindestens die folgenden Themen enthalten:

• Den Scope des Service-Managements innerhalb des Service-Providers

• Die zu erreichenden IT-Service-Management-Ziele

- Die erforderlichen Prozesse, wie Implementierung, Bereitstellung, Veränderungen und Verbesserungen des Service-Management-Prozesses
- Die Management-Rollen und -Verantwortlichkeiten für Führungskräfte, Prozessverantwortliche und Lieferanten-Management
- Die Schnittstellen zwischen den Service-Management-Prozessen und die Art und Weise, wie die Aktivitäten zu koordinieren sind
- Die Implementierung von Service-Management-Prozessen in konkreten Aktivitäten
- Eine Methode, die Risiken identifiziert, bewertet und verwaltet
- Die Ressourcen und die erforderlichen Mittel
- Verfahren zur Verwaltung, Überwachung und Verbesserung der Service-Qualität.

Für die erfolgreiche Umsetzung dieser Pläne brauchen wir klare Management-Aussagen und dokumentierte Zuständigkeiten für die Überprüfung, Genehmigung, Kommunikation, Umsetzung und Wartung der erforderlichen Pläne. Alle prozess-spezifischen Pläne müssen mit dem gesamten Service-Management-Plan konform sein.

**Tun**

Das Ziel dieses Prozesses ist es, die Service-Management-Ziele und den Service-Management-Plan zu etablieren. Der Service-Management-Plan ist wie folgt umzusetzen:

- Zuordnung von Budgets, Rollen und Verantwortlichkeiten
- Verwaltung von Budgets und Ressourcen

- Koordination von Service-Management-Prozessen
- Auswahl und Schulung von Mitarbeitern und wirksame Maßnahmen gegen Fluktuation
- Leading-Teams, darunter den Servicedesk und das operative Geschäft
- Dokumentation und Überwachung von Plänen, Strategien und Verfahren für die verschiedenen Prozesse
- Identifikation und Behandlung der Risiken.

Nach der Implementierung des Service-Management-Plans muss der Fokus auf dem Betrieb und der laufenden Verbesserung der Service-Management-Prozesse liegen. Die Praxis hat gezeigt, dass das Personal für die Umsetzung durch andere geeignete Mitarbeiter für den laufenden Betrieb ausgetauscht werden sollte.

**Checken**

In diesem Prozess müssen Sie die Erreichung der Ziele des Service-Managements und des Service-Management-Plans überwachen, messen und überprüfen.

Der Service-Provider muss die Wirksamkeit der Prozesse durch Überwachung und Messung überprüfen:

- Der Management-Plan muss regelmäßig überprüft werden.
- Diese Überprüfungen sollten bestimmen, ob die Service-Management-Anforderungen konform mit dem Service-Management-Plan und den Anforderungen der ISO/IEC 20000 sind.
- Ein Audit-Programm muss erstellt werden.

Die Ergebnisse der Überprüfung und Tests werden als Input für den nächsten Schritt im Deming Cycle, „Act", verwendet. So können Sie eine Verbesserung der Service-Prozesse erreichen.

## Agieren

Das Ziel dieses Prozesses ist es, die Effektivität und Effizienz des Service-Delivery und des Service-Managements zu erhöhen.

Um Aktionen zur kontinuierlichen Verbesserung zu identifizieren, müssen die folgenden Konventionen und Definitionen berücksichtigt werden:

- Das Management muss eine Policy erstellen und veröffentlichen, die eine klare Definition der Rollen und Verantwortlichkeiten für die Verbesserung der Service-Aktivitäten enthält.
- Alle Aspekte, die nicht den Service-Management-Plänen entsprechen, sollten gestoppt werden.
- Für die Ausführung aller vorgeschlagenen Service-Verbesserungen muss ein Service-Improvement-Plan (SIP) erstellt werden.
- Für die Bearbeitung von Service-Verbesserungen wird ein definierter Prozess benötigt.

Service-Verbesserungen von einzelnen Prozessen können von jedem Prozesseigentümer verwaltet werden. Wesentliche Verbesserungen, wie z.B. Beseitigung von Fehlern mit einem unternehmensweiten Anwendungsbereich oder Verbesserungen an mehr als einem Prozess, müssen durch ein Projekt oder mehrere Projekte ausgeführt werden.

Vor der Implementierung eines Service-Improvement-Plans müssen Baselines erstellt werden. Basierend auf diesen Daten kann ein Vergleich mit den tatsächlichen Verbesserungen vorgenommen werden.

### Praktische Empfehlungen zur Umsetzung des Service-Management-Plans

Die Umsetzung des Deming Cycle muss in der gesamten Organisation etabliert werden. Die Dokumentation aller Aktivitäten ist absolut notwendig für die erfolgreiche Anwendung des PDCA-Modells. Die Ergebnisse der jeweiligen Tätigkeit sind auch die Eingabe der nächsten Aktivität. Die Kommunikation zwischen den Prozessen ist daher von größter Bedeutung.

Es ist wichtig, dass die Service-Management-Mitarbeiter ein fundiertes Wissen über die Service-Qualität und die Service-Management-Prozesse haben. Durch dieses Prinzip wird sichergestellt, dass jederzeit Maßnahmen zur Verbesserung der Effektivität und Effizienz der Leistungserbringung ergriffen werden können.

## Abbildung 5: Der Deming Cycle

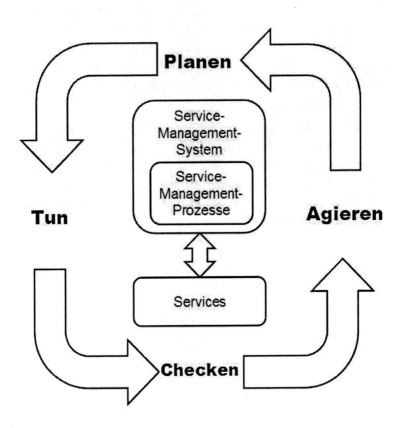

# KAPITEL 9: DESIGN UND UMSTELLUNG VON NEUEN ODER VERÄNDERTEN SERVICES

Die ISO/IEC 20000 besitzt einen separaten Prozess für die Planung und Umsetzung von neuen oder veränderten Services. Das Ziel ist hier, die Garantie zu geben, dass neue und geänderte Services für einen vereinbarten Preis die gewünschte Qualität des Service bieten.

Für neue und geänderte Leistungen müssen folgende Procedures gelten:

- Alle neuen oder geänderten Leistungen werden nach dem PDCA-Zyklus umgesetzt.

- Die Auswirkungen auf Kosten und Rentabilität für alle neuen oder geänderten Services müssen berücksichtigt werden.

- Die Implementierung neuer oder geänderter Services, einschließlich der Einstellung eines Service, muss durch das Change-Management geplant und offiziell genehmigt werden.

# KAPITEL 10: SERVICE-DELIVERY-PROZESSE

Der Kernbereich Service-Delivery umfasst die Planung und die taktische Ebene des IT-Service-Management. In diesem Bereich werden die aktuellen Service-Levels definiert und vereinbart sowie Berichte über die Services geliefert. Service-Delivery beinhaltet die folgenden Prozesse: Service-Level-Management, Service-Reporting, Capacity, Service-Continuity und -Availability, Information-Security-Management, und Budgeting und Accounting für IT-Services.

## Service-Level-Management

Service-Level-Management zielt darauf ab, Service-Levels zu definieren, abzustimmen, aufzuzeichnen und zu verwalten. Der Service-Level-Management-Prozess muss sicherstellen, dass die gesamte Bandbreite des Service vereinbart und dokumentiert wird:

- Alle IT-Services müssen mit entsprechenden Service-Level-Zielen und Gebrauchseigenschaften definiert werden.

- Jeder vorkommende IT-Service muss in einem oder mehreren Service-Level-Agreements (SLAs) dokumentiert werden.

- Die SLAs müssen alle unterstützenden Service-Vereinbarungen, Lieferanten-Verträge und Verfahren mit allen Beteiligten enthalten.

- Die SLAs müssen unter die Kontrolle des Change-Management-Prozesses gestellt werden.

- Die SLAs sind auf der Grundlage von regelmäßigen Überprüfungen mit den beteiligten Parteien gehalten, um sicherzustellen, dass sie relevant und wirksam bleiben.
- Service-Levels werden hinsichtlich der vereinbarten Ziele überwacht.
- Die Gründe für Schwankungen in den SLAs müssen untersucht und gemeldet werden.
- Identifizierte Verbesserungsmaßnahmen werden aufgezeichnet und in einen Service-Improvement-Plan eingefügt.

## Praktische Empfehlungen zur Umsetzung von Service-Level-Management

Um den Spezifikationen des Service-Level-Managements gerecht zu werden, ist ein strukturiertes Vorgehen in Übereinstimmung mit den folgenden Richtlinien zu empfehlen.

### Allgemeine Anforderungen

Der Service-Level-Management-Prozess sollte in keiner formalistischen und starren Weise ausgeführt werden, sondern stattdessen flexibel und proaktiv, und für den Wandel ausgerichtet. Es ist daher von großer Bedeutung, eine starke Kundenorientierung auf allen Ebenen und in allen Phasen der Leistungserbringung zu gewährleisten. Kundenzufriedenheit ist ein subjektives Maß und die Erreichung der vereinbarten Service-Ziele ist als objektives Maß zu verstehen – aus diesem Grund sollte entsprechende Aufmerksamkeit darauf verwandt werden, wie der Dienst von Kunden oder Nutzern wahrgenommen wird.

Dieser Prozess steuert die Grundfunktionen des Service-Providers und ist die Grundlage der Erbringung von Services an den Kunden. Der Dienstleister sollte über ausreichende Informationen verfügen, um die Business-Treiber und die Anforderungen des Kunden wirklich zu verstehen. Der Service-Level-Management-Prozess braucht eine reibungslose Kommunikation mit den Prozessen Geschäftsbeziehung und Lieferanten-Management.

## Service-Katalog

Um einen vollständigen Überblick über das Leistungsangebot zu erhalten, soll ein Service-Katalog mit allen aktiven IT-Dienstleistungen erstellt und gepflegt werden. Der Service-Katalog dient als ein wichtiges Dokument, um die Erwartungen der Kunden festzuhalten. Wegen der Bedeutung dieses Dokuments sollten der Kunde und die Support-Mitarbeiter des Dienstleisters Zugang zum Service-Katalog haben.

## Service-Level-Agreements

SLAs werden formell von den Vertretern des Kunden und dem SLA-Manager des Service-Providers genehmigt werden. Folgende Elemente sollten mindestens in einem SLA enthalten sein:

- Kurze Beschreibung der Dienstleistungen in der Sprache des Kunden

- Service-Ziele, Kommunikation und Berichterstattung

- Kontaktadressen der Verantwortlichen für die wichtigsten Incident- und Problembehandlungen, Recovery oder Workarounds

- Service-Zeiten und spezifizierte Ausnahmen, geschäftskritische Zeiten
- Geplante und vereinbarte Service-Unterbrechungen, einschließlich Kündigungsfrist sowie die Anzahl der Unterbrechungen pro Periode
- Verantwortlichkeit des Kunden, z.b. Sicherheit
- Haftung und Verpflichtung des Service-Providers
- Auswirkungs- und Prioritäts-Policies, Eskalations- und Meldeverfahren
- Ablauf für Beschwerden
- Arbeitsbelastung (Ober- und Untergrenzen)
- Organisatorische Prozesse (Housekeeping-Verfahren)
- Ansatz zu einer Unterbrechung des Dienstes
- Hilfs- und abhängige Dienste
- Ausnahmen von den in der SLA definierten Bedingungen
- Glossar.

*Unterstützende Service-Vereinbarungen*

Es wird empfohlen, operative Unterstützung als eine Voraussetzung für die Erbringung von Services auch zu definieren. Die internen Dienstleistungen sollten mit den internen Lieferanten mit Operational-Level-Agreements (OLAs) vereinbart werden, während die Underpinning-Contracts (UC) die Vereinbarungen mit den externen Anbietern sind. Zu diesem Zweck ist eine enge Zusammenarbeit mit dem Lieferanten-Management-Prozess nötig.

## Service-Reporting

Service-Reporting hat das Ziel, zuverlässige, genaue und zeitnahe Berichte zu schaffen, um fundierte Entscheidungen und effektive Kommunikation zu ermöglichen. Alle Service-Berichte müssen klar definiert sein, mit der Absicht und dem Zweck des Berichts, der Zielgruppe und vor allem seinen Datenquellen. Identifizierte Bedürfnisse von Kunden-Reporting-Voraussetzungen müssen erfüllt sein.

Service-Berichte enthalten die folgenden Daten:

- Service-Leistung gegen Service-Level-Ziele
- Liste der Verstöße und offenen Fragen
- Aufruf-Statistik und Volumeneigenschaften
- Leistungsnachweise für wichtige Ereignisse, wie z.b. ein Major-Event
- Leistungsnachweis der wichtigsten Änderungen
- Entwicklung von Trends
- Zufriedenheitsanalyse
- Abweichungen von Konformität.

Management-Entscheidungen und korrigierende Maßnahmen müssen sich auf die Ergebnisse des Service stützen und müssen an alle Beteiligten kommuniziert werden.

### Praktische Empfehlungen zur Umsetzung des Service-Reporting

Der Erfolg aller Service-Management-Prozesse ist abhängig von der Verwendung der Informationen aus den Service-Berichten. Die Empfehlungen in den folgenden Abschnitten liefern wichtige Hinweise.

*Policy*

Weniger ist mehr. Dies gilt insbesondere für Service-Berichte. Es wird empfohlen, dass die Berichte nur auf der Grundlage von vereinbarten und dokumentierten Anforderungen von Kunden und internem IT-Management vorbereitet werden. Die Berichte sollten auch die Beziehung von internen und externen Lieferanten überprüfen.

Die Service-Monitoring und -Reporting sollten auch aktuelle und historische Messungen beinhalten, um die Trends in der Service-Qualität zu zeigen.

## Zweck und Qualitäts-Überprüfung der Service-Berichte

Um die Entscheidungsfindung effektiv zu unterstützen, müssen alle Berichte zeitnah, klar und präzise sein. Sie müssen auch im Hinblick auf die Präsentation und Details einfach zu verstehen und auf die Bedürfnisse des Empfängers abgestimmt sein.

Die Berichte werden in drei verschiedene Kategorien unterteilt:

- Reaktive Berichte über Aktivitäten in der letzten Periode
- Proaktive Berichte für weiterführende Informationen, z.B. Warnungen
- Geplante Aktivitäten, geplante Changes.

## Service-Continuity- und Service-Availability-Management

Die beiden Prozesse, Service-Continuity- und Service-Availability-Management, sollen sicherstellen, dass die vereinbarten Ziele der Verfügbarkeit und Kontinuität für den Kunden erfüllt werden können.

Um diese zu erreichen, sollten die folgenden Spezifikationen umgesetzt werden:

- Die Anforderungen von Service-Availability und Service-Continuity müssen auf Business-Planung, SLAs und Risikoanalyse beruhen.

- Die Anforderungen müssen die Zugriffsrechte, die Reaktionszeiten und End-to-End-Verfügbarkeit der Systemkomponenten berücksichtigen.

- Die Service-Availability- und Service-Continuity-Pläne sollten mindestens einmal jährlich überprüft werden, um sicherzustellen, dass die Anforderungen jederzeit erfüllt werden können.

- Die Service-Availability- und Service-Continuity-Pläne müssen ständig aktualisiert werden, um sicherzustellen, dass sie den vereinbarten geschäftlichen Veränderungen gerecht werden.

- Die Service-Availability- und Service-Continuity-Pläne müssen nach jeder größeren Änderung erneut getestet werden.

## Praktische Empfehlungen zur Umsetzung des Service-Continuity- und Service-Availability-Managements

Um den Anforderungen des Service-Continuity- und Service-Availability-Managements gerecht zu werden, werden folgende Empfehlungen gegeben.

*Allgemeine Empfehlungen*

Alle Aktivitäten und Aufwendungen und die zugeordneten Ressourcen für die Umsetzung der Kontinuitäts- und Verfügbarkeitsziele sind mit den Anforderungen des Geschäfts zu koordinieren.

*Verfügbarkeitsüberwachung und Aktivitäten*

Um die Services zu überwachen, müssen Sie die Verfügbarkeit und die historischen Daten für Trendentwicklungen speichern, um Abweichungen von den definierten Zielen zu identifizieren. Es ist auch ratsam, initiierte Verbesserungsmaßnahmen im Hinblick auf ihre Wirkung zu prüfen.

Die Verfügbarkeit und die geplanten Wartungsfenster sind zu antizipieren und an alle Beteiligten zu kommunizieren. So kann gezielt vorbeugende Wartung durchgeführt werden.

*Service-Continuity-Strategie*

Der Service-Provider muss zustimmen, eine Strategie, die alle Ziele der Service-Continuity erfüllt, zu schaffen. Teil dieser Strategie ist eine Risikobewertung auf der Grundlage des Umfangs des Schadens und der Wahrscheinlichkeit.

Es wird empfohlen, dass der Service-Provider mit jeder Kundengruppe mindestens das Folgende festlegt:

• Maximal zulässige Zeit ohne Service

• Maximal zulässige Zeit mit reduziertem Service

• Akzeptierten reduzierten Service-Level während einer definierten Recuperation-Phase.

Die Service-Continuity-Strategie muss zusammen mit Vertretern des Unternehmens ständig überprüft werden, mindestens einmal jährlich.

Alle Änderungen an der Strategie sind formell zu vereinbaren und umzusetzen, als Teil des Change-Managements.

## Service-Continuity-Plan und Testen

Der Service-Provider sorgt dafür, dass die Continuity-Pläne die Abhängigkeiten von Service- und System-Komponenten berücksichtigen und dokumentieren. Die notwendigen Back-up-Daten und Dokumente sowie Software, Ausrüstung und Personal müssen nach einer größeren Unterbrechung des Dienstes oder einer Katastrophe schnell und zuverlässig vorhanden sein. Mindestens eine Kopie der Service-Continuity-Dokumente muss auch gespeichert werden, zusammen mit der notwendigen Ausrüstung, an einem sicheren, abgeschiedenen Ort. Dieser Ort könnte ein sekundäres Rechenzentrum oder ein Recovery-Standort sein; von Bedeutung hier ist, dass das Material sich nicht an der gleichen Stelle befindet wie der Original-Service.

Um sicherzustellen, dass die Service-Continuity-Strategien überprüft werden können, und dass die Maßnahmen beherrschbar bleiben durch die Service-Mitarbeiter, müssen die Disaster-Recovery-Pläne regelmäßig geprüft werden. Zu diesen Tests gehören der Kunde und die externen Lieferanten. Testfehler müssen behoben und überprüft werden. Alle Service-Continuity-Pläne und die dazugehörigen Unterlagen müssen unter die Kontrolle von Change-Management gestellt werden.

Die Service-Continuity-Pläne müssen auch die Verantwortung für die Einleitung der Continuity-Szenarien eindeutig zuweisen. So empfiehlt es sich, dass der Incident-Manager klare Anweisungen erhält, wann er das Krisen-Management einberufen sollte, so z.B. wenn sich eine Störung in eine Krise oder eine Katastrophe verwandelt.

## Budgeting und Accounting für IT-Services

Budgeting und Accounting für IT-Services haben zum Ziel, die Kosten der Erbringung von Services zu berechnen. Das Charging ist keine direkte Forderung der Norm ISO/IEC 20000. Budgeting und Accounting für IT-Services erfüllen ihre Aufgaben in enger Abstimmung mit dem unternehmensweiten Controlling- und Finanz-Management.

Die folgenden Richtlinien und Verfahren sollten in Übereinstimmung mit der Norm eingehalten werden:

- Budgeting und Accounting für IT-Services müssen für alle Komponenten aufgestellt werden, einschließlich IT-Assets, gemeinsam genutzte Ressourcen, Gemeinkosten, extern erbrachte Dienstleistungen, Personal, Versicherungen und Lizenzen.

- Die Kosten sind in direkte und indirekte Kosten aufgeteilt und werden nach den Leistungen und Kostenstellen zugeordnet.

- Der Service-Provider muss eine wirksame Finanzkontrolle implementieren und die Genehmigungen deutlich regulieren.

- Die Kosten müssen angemessen detailliert geplant werden, einschließlich einer wirksamen Finanzkontrolle und einer Grundlage für die Entscheidungsfindung.

- Der Service-Provider muss das Budget überwachen und verwalten.

- Alle Änderungen an dem Service müssen in Bezug auf die Kosten berechnet werden und durch den Change-Management-Prozess autorisiert werden.

## Praktische Empfehlungen zur Umsetzung von Budgeting und Accounting

Budgeting und Accounting müssen nicht völlig neu definiert werden. Jede Umsetzung in diesem Bereich muss mit dem zentralen Rechnungswesen des Unternehmens vereinbart und koordiniert werden. Es ist ratsam, Policies für das Management von Budgeting- und Accounting-Prozessen zu schaffen. Diese Policies müssen den entsprechenden Detaillierungsgrad definieren, wie folgt:

- Was sind die Kostenelemente, die berücksichtigt werden müssen?
- Was ist der Verteilungsschlüssel für die Gemeinkosten?
- Wie detailliert ist der Kunde bei Gutschriften zu benachrichtigen?
- Wie handelt man bei Abweichungen vom Budget? Gibt es Abhängigkeiten in Bezug auf die Größe der Abweichung? Wie werden die Abweichungen zu Führungskräften eskaliert?
- Was ist die Verbindung zum Service-Level-Management?

Der erforderliche Aufwand für die Budgeting- und Accounting-Prozesse muss auf den Bedürfnissen des Kunden, des Service-Providers und des Lieferanten basieren. Die Vorteile der Datenerhebung müssen den Aufwand rechtfertigen.

Die folgenden praktischen Empfehlungen für die Umsetzung der Budgeting- und Accounting-Prozesse sind zu berücksichtigen.

*Budgeting*

Das Budgeting muss alle geplanten Änderungen an Services während des Planungszeitraums berücksichtigen und falls erforderlich Defizitkontrollen planen, damit die Service-Levels im Laufe des Jahres beibehalten werden können. Das Budgeting muss auch saisonale Schwankung berücksichtigen.

Die Überwachung der Kosten muss ein Frühwarnsystem und die entsprechenden Verfahren für Planabweichungen bieten.

*Accounting*

Die Accounting-Prozesse überwachen die Kosten in einem vereinbarten Detaillierungsgrad und einem vereinbarten Zeitraum. Alle Entscheidungen des Service-Providers sollten dazu dienen, die Business-Pläne zu erfüllen, und benötigen daher diese strukturierten Finanzinformationen.

Es ist ratsam, Kostenmodelle, die die Erbringung von Services nachweisen können, zu verwenden. So bekommen wir ein Verständnis für die Kosten, und wir sind in der Lage, die Auswirkungen von reduzierten Service-Levels oder von einem möglichen Verlust des Dienstes aus finanzieller Sicht zu beurteilen.

## Capacity-Management

Capacity-Management zielt darauf ab, dass der Service-Provider immer genügend Kapazität hat, um den vereinbarten aktuellen und zukünftigen Ressourcen-Anforderungen des Unternehmens gerecht zu werden. In diesem Sinne bedeutet Wirtschaftlichkeit, dass es eine hohe Auslastung der Ressourcen gibt.

Um eine ausreichende Kapazität für die Speicherung und Verarbeitung von Daten zu liefern, muss der Capacity-Management-Prozess sicherstellen, dass die folgenden Anforderungen erfüllt werden:

- Das Capacity-Management muss einen Kapazitätplan erstellen und aktualisieren, unter Berücksichtigung der geschäftlichen Anforderungen.

- Die Methoden, Verfahren und Techniken werden ermittelt und angewendet, um die Service-Funktionen zu überwachen.

- Alle Änderungen müssen im Hinblick auf ihre Auswirkungen auf die bestehenden Kapazitäten geprüft werden.

- Die Einflüsse von technologischen Entwicklungen müssen prognostiziert werden.

- Der Capacity-Plan muss eine Analyse der aktuellen Service-Kapazitäten als Grundlage für die Entscheidungsfindung über zukünftige Anforderungen durchführen.

## Praktische Empfehlungen zur Umsetzung des Capacity-Management

Mit der Capacity-Management-Ressource sollten Engpässe proaktiv vermieden werden. Um die Anforderungen des Capacity-Managements zu erfüllen, werden die folgenden Best-Practice-Empfehlungen gegeben.

Der Service-Provider muss die aktuellen und zukünftigen Anforderungen aus Sicht der Unternehmen verstehen und die zukünftigen IT-Anforderungen, abgestimmt auf die strategische Geschäftsentwicklung, daraus ableiten.

Die von der Geschäftsstrategie abgeleiteten Nachfrageprognosen und Kapazitätschätzungen müssen in konkrete Anforderungen an die IT-Infrastruktur übersetzt werden. Zu diesem Zweck muss die Lastreaktion der beteiligten Service-Komponenten unter verschiedenen Transaktionsvolumen technisch verstanden werden.

Die Daten zur aktuellen und vergangenen Komponenten- und Ressourcenauslastung sollten gesammelt und für die Fähigkeitsprognose analysiert werden.

Neue oder geänderte Leistungen müssen im Hinblick auf die zukünftigen Fähigkeitsbedürfnisse in den verschiedenen Lebensphasen untersucht und entsprechend aufbereitet werden.

Der Capacity-Plan, der die aktuelle Leistung der Infrastruktur und die zu erwartenden Anforderungen dokumentiert, muss erstellt und mindestens einmal jährlich aktualisiert werden.

Der Zweck aller Maßnahmen des Capacity-Managements ist die Erreichung der vereinbarten Service-Level-Ziele.

## Information-Security-Management

Information-Security-Management hat das Ziel, die Informations-Sicherheit von allen Service-Aktivitäten zu kontrollieren und wirksam zu überwachen. Die Norm bezieht sich auf den Code of Practice ISO/IEC 27002, der eine gute Grundlage für die Umsetzung der Informations-Sicherheit bietet.

Um die Anforderungen des Information-Security-Managements zu erfüllen, müssen die folgenden Spezifikationen erfüllt werden:

* Top-Management muss eine Informations-Sicherheits-Policy autorisieren und sie an alle Mitarbeiter, Kunden und Lieferanten übermitteln.

* Angemessene Sicherheitskontrollen (z.B. Virenschutz, Firewalls, Security-Awareness-Programme) müssen verwendet und dokumentiert werden, um die Anforderungen der Sicherheits-Policy durchzusetzen.

* Die Dokumentation der Sicherheitskontrollen muss die inhärenten Risiken, die Art der Bedienung und die Wartung der Kontrollen beschreiben.

* Alle Vorkehrungen, um die Sicherheitsanforderungen zu erfüllen, müssen auf einer formellen Vereinbarung, die alle notwendigen Sicherheitsanforderungen definiert, basieren.

### *Praktische Empfehlungen zur Umsetzung des Information-Security-Managements*

Information-Security ist ein System von Richtlinien und Verfahren für die Identifizierung, Kontrolle und Schutz von Informationen und von allen Geräten in Bezug auf ihre Speicherung, Übertragung und Verarbeitung. Um den

Anforderungen des Information-Security-Managements zu genügen, bieten wir Best-Practice-Empfehlungen in den folgenden Gebieten:

- Informations-Sicherheits-Policy
- Identifizierung und Klassifizierung von Informationsvermögenswerten
- Sicherheitsrisikobewertung
- Kontrollen
- Dokumente und Aufzeichnungen.

*Informations-Sicherheits-Policy*

Der Service-Provider versteht die Informations-Sicherheits-Policy als Grundlage für ein umfassendes Security-Management-System. Mit der Definition von Rollen und Verantwortlichkeiten sind alle Mitarbeiter für mögliche Sicherheitsprobleme sensibilisiert.

Die Informations-Sicherheits-Policy bietet auch Informationen für die professionellen internen Audits und dient als Bezugspunkt für eine Vielzahl von sicheren Zugangskontrollen und sicheren Anwendungen.

Die Informations-Sicherheits-Policy ist verbindlich für alle Mitglieder der Organisation, und mit der entsprechenden Sorgfalt und Sensibilität verwendet kann sie bei der Entscheidungsfindung des Managements eine große Hilfe sein. Die Sicherheits-Policy gilt auch für externe Partner und muss vertraglich vereinbart werden.

Die Anforderungen an Vertraulichkeit, Integrität und Verfügbarkeit sind durch die Klassifizierung von IT-Vermögenswerten bestimmt.

Die Informations-Sicherheits-Policy ist obligatorisch für alle, die in oder mit dem Unternehmen (Mitarbeiter, Subunternehmer, Berater oder Zulieferer) zusammenarbeiten. Ihre Einhaltung wird regelmäßig überprüft. Es wird erwartet, dass sich alle Mitarbeiter an diese Policy und die daraus resultierenden Normen und Richtlinien halten.

Risiko-Management ist ein wichtiger Baustein für die Sicherheitstätigkeiten des Service-Providers. Es unterstützt die organisatorischen Sicherheitsmaßnahmen und trägt dazu bei, interne Audits und die Dokumentation zu optimieren. Regulatory-Compliance ist ein wesentlicher Bestandteil des internen Kontrollsystems (IKS) und unterstützt die Erfüllung der rechtlichen und unternehmerischen Verpflichtungen.

*Identifikation und Klassifizierung von Information-vermögenswerten*

Informationvermögenswerte und Daten müssen durch das Configuration-Management verwaltet werden und müssen nach Service-Criticality eingeteilt werden. Wir müssen für jeden Service-Asset einen Verantwortlichen mit ihrem Schutz betrauen. Das Tagesgeschäft der Datenbestände kann auf interne oder externe Stellen delegiert werden.

*Sicherheitsrisikobewertung*

Es wird empfohlen, Sicherheitsrisikobewertungen in vereinbarten Abständen durchzuführen. Die Auswirkungen der identifizierten Risiken und die Wahrscheinlichkeit des Auftretens werden beurteilt und dokumentiert.

Bei der Bestimmung der Risiken ist es ratsam, die folgenden Fragen sorgfältig zu prüfen:

- Was sind die Risiken bei der Offenlegung von vertraulichen Informationen an Unbefugte?
- Was sind die Auswirkungen von ungenauen, unvollständigen oder nicht mehr aktuellen Informationen auf den Entscheidungsprozess?
- Was sind die Folgen für die Kunden, wenn Daten und Informationen auf einmal nicht mehr verfügbar sind?
- Gibt es weitere kundenspezifische, gesetzliche oder regulatorische Sicherheitsanforderungen?

*Kontrollen*

Im Zusammenhang mit der „Good-Practice" sollte ein Service-Provider Kontrollmaßnahmen anwenden. Eine Kontrolle wird als Leitfaden mit Verfahren, Praktiken und Organisationsstrukturen definiert. Sie muss mit ausreichender Sicherheit entwickelt werden, so dass die Sicherheitsziele erreicht und unerwünschte Ereignisse verhindert, erkannt und korrigiert werden. Diese Kontrollen müssen bei der Konstruktion des Service für alle Service-Management-Prozesse festgelegt werden, und ihre Aufnahme in das Service-Design-Paket muss erwogen werden.

Ein Management-Team muss für die Beobachtung und Aufrechterhaltung der Wirksamkeit der Informations-Sicherheits-Policy ernannt werden. Mitarbeiter mit besonderen Sicherheitsrollen müssen entsprechend geschult werden.

*Dokumente und Aufzeichnungen*

Sicherheitsdatensätze müssen in regelmäßigen Abständen analysiert werden. Die folgenden Berichte sollten regelmäßig an das Management des Service-Providers übergeben werden:

- Wie effektiv ist die Informations-Sicherheits-Policy?
- Werden die Trends in den Informations-Sicherheits-Vorfällen ermittelt?
- Gibt es eine ausreichende Kontrolle über den Zugriff auf Datenbestände und -systeme?

Mit einem umfassenden Information-Security-Management-System wird das Fundament für eine effektive Sicherheits-Policy gebaut. So wird die Basis für vertrauensvolle und zuverlässige Dienstleistungen geschaffen.

# KAPITEL 11: RELATIONSHIP-PROZESSE

Die Relationship-Prozesse beschreiben die beiden Aspekte des Business-Relationship-Managements und Lieferanten-Managements. Die Norm konzentriert sich auf die Rolle des Service-Providers (häufig die IT-Organisation eines Unternehmens), die logischerweise zwischen Kunden und Lieferanten angesiedelt ist.

Sowohl Kunden wie auch Lieferanten können innerhalb aber auch außerhalb der Service-Provider-Organisation sein. Die Verträge sind in der Regel durch die folgenden drei Ebenen definiert:

- Die Vereinbarungen zwischen dem Kunden und dem Service-Provider heißen Service-Level-Agreements (SLAs).

- Notwendige externe Unterstützung (Lieferanten) für die vereinbarten IT-Services wird durch Underpinning-Contracts (UC) formalisiert.

- Operational-Level-Agreements (OLA) regeln die Beziehungen innerhalb der IT-Organisation für die Leistungserbringung.

Um gute Beziehungen zwischen allen Beteiligten zu erreichen, müssen klare Vereinbarungen getroffen werden. So haben alle Teilnehmer ein gemeinsames Verständnis der geschäftlichen Anforderungen, der Fähigkeiten, der Bedingungen und der jeweiligen Zuständigkeiten. Dann kann jeder seinen Verpflichtungen nachkommen.

Die Relationship-Prozesse unterstützen die Sicherstellung einer angemessenen Kundenzufriedenheit. Dazu gehören das frühe Verständnis der zukünftigen Business-

Anforderungen und die Kommunikation mit allen Beteiligten.

Der Umfang, die Rollen und die Verantwortlichkeiten der Business- und Lieferanten-Beziehung müssen definiert und vereinbart werden. Wichtige Bausteine dafür sind die Identifizierung der Stakeholder, der geeigneten Mittel der Kommunikation und der Häufigkeit der Berichte.

## Business-Relationship-Management

Business-Relationship-Management hat das Ziel, den Kunden und andere Organisationen zu verstehen und dieses Wissen zu nutzen, um eine gute Beziehung zwischen dem Dienstleister und dem Kunden zu schaffen.

Die Spezifikationen des Business-Relationship-Managements müssen den folgenden Anforderungen genügen:

- Der Dienstleister muss alle Stakeholder und Kunden der Dienstleistungen identifizieren und dokumentieren.

- Der Service-Provider und der Kunde sollten sich mindestens einmal jährlich für einen Service-Review treffen, um Änderungen in Leistungsumfang, SLAs, Verträge und aktuellen und prognostizierten geschäftlichen Anforderungen zu beurteilen.

- In vereinbarten Abständen werden Treffen durchgeführt, um die Leistung, Erfolge, Ereignisse und Aktionspläne zu diskutieren.

- Definierte Änderungsmaßnahmen solcher Treffen werden unter die Kontrolle des Change-Management-Prozesses gestellt.

- Bei wesentlichen Änderungen (Major-Changes) muss der Service-Provider seinen Kunden kontinuierlich informieren, um auf sich verändernde Bedürfnisse reagieren zu können.

## Praktische Empfehlungen zur Umsetzung des Business-Relationship-Managements

Um den Anforderungen des Business-Relationship-Managements gerecht zu werden, werden drei wichtige Aspekte in der Organisation festgelegt:

- Reguläre Service-Bewertungen
- Service-Beschwerden
- Messen der Kundenzufriedenheit.

### Reguläre Service-Bewertungen

Service-Bewertungen sollten mindestens einmal jährlich sowie vor und nach wichtigen Service-Änderungen durchgeführt werden. Diese Überprüfungen sollten die Wirksamkeit der Leistung in der vergangenen Periode, aktuelle und zukünftige geschäftliche Anforderungen und Vorschläge, die den Umfang der Leistungen ändern, abdecken.

Es ist sinnvoll, Bewertungen zwischen den Hauptbewertungen zuzustimmen, um den aktuellen Status, Fortschritte und eventuelle Probleme im Auge zu behalten. Die Ergebnisse dieser Überprüfungen müssen dokumentiert und an die Stakeholder gemeldet werden. Erreichte Einigungen sollten während ihrer Implementierung überwacht werden.

Der Service-Provider muss statt einer einfachen Beziehung zu dem Kunden eine Partnerschaft mit ihm erreichen. Dies ist der einzige Weg, um sicherzustellen, dass alle geschäftlichen Anforderungen und Veränderungen eine angemessene Resonanz erhalten.

## Service-Beschwerden

Es ist „Good-Practice", einen Prozess zwischen dem Kunden und dem Dienstleister zu vereinbaren, um Beschwerden objektiv und angemessen zu behandeln. Alle Service-Beschwerden sollten dokumentiert, unverzüglich untersucht und deren Lösung so schnell wie möglich ausgeführt werden. Regelmäßige Berichte über den Status der Beschwerde sollten an den Kunden gesendet werden. Nach erfolgreichem Abschluss wird empfohlen, die Beschwerde in Übereinstimmung mit den Kunden offiziell zu schließen.

Unbeendete Beschwerden sollten regelmäßig kontrolliert werden. Wenn die Beschwerden nicht innerhalb der mit dem Kunden vereinbarten Zeit gelöst werden, müssen sie an das Service-Management eskaliert werden.

Der Service-Provider sollte regelmäßig die Beschwerden und mögliche daraus resultierende Trends analysieren. Diese müssen während der regelmäßigen Meetings mit Kunden behandelt werden und für die Umsetzung von Service-Verbesserungen verwendet werden.

## Messen der Kundenzufriedenheit

Die Kundenzufriedenheit sollte regelmäßig gemessen werden, um sicherzustellen, dass der Service-Provider die Arbeitsleistung mit den Zielen und mit früheren Untersuchungen vergleichen kann. Der Umfang und die Struktur der Untersuchungen müssen in solcher Weise ausgelegt werden, dass der Kunde seine Ansichten mit wenig Aufwand übermitteln kann.

Wenn wesentliche Abweichungen in der Kundenzufriedenheit auftreten, müssen sie verstanden und ordnungsgemäß untersucht werden. Die Ergebnisse und Schlussfolgerungen sollten mit dem Kunden besprochen werden. Ein mit dem Kunden vereinbarter Aktionsplan ist die Grundlage für die folgenden Initiativen zur Service-Verbesserung. Kundenkomplimente sollten an das Service-Delivery-Team weitergeleitet werden.

## Supplier-Management

Das Supplier-Management zielt darauf ab, alle Lieferanten zu verwalten, um einen qualitativ hochwertigen Service reibungslos zu gewährleisten.

In der Regel sind mehrere Lieferanten beteiligt. Sie sind oft in Hauptauftragnehmer und Subunternehmer aufgeteilt. Es muss eindeutig festgelegt werden, ob der Service-Provider mit allen Lieferanten direkt verhandelt, oder ob ein bedeutender Lieferant die Verantwortung für die Subunternehmer übernimmt. Der Supplier-Management-Prozess muss folgende Anforderungen erfüllen:

- Der Supplier-Management-Prozess muss dokumentiert werden. Für jeden Lieferanten muss ein Vertrags-Manager ernannt werden.

- Der Umfang der Leistungen, die durch den Lieferanten geliefert werden (Anforderungen, Umfang, Service-Levels und Kommunikationsprozesse), sollte beschrieben und formell vereinbart werden.

- Die Lieferanten-Vereinbarungen müssen mit den Service-Level-Agreements vereinbart werden.

- Die Schnittstellen zwischen den Prozessen und den beteiligten Parteien müssen dokumentiert und vereinbart werden.

- Alle Rollen und Beziehungen zwischen den wichtigsten Lieferanten und Subunternehmern müssen dokumentiert und kommuniziert werden.

## *Praktische Empfehlungen zur Umsetzung des Supplier-Managements*

Der Supplier-Management-Prozess muss sicherstellen, dass der Lieferant seine Verpflichtungen gegenüber dem Service-Provider versteht. Daher müssen die Anforderungen klar definiert und vereinbart werden. Es ist auch wichtig sicherzustellen, dass alle Änderungen in den Vereinbarungen durch den Change-Management-Prozess verwaltet werden.

Um Konflikte zu vermeiden, ist es am besten, alle offiziellen Transaktionen zwischen allen Parteien zu loggen. Die Leistung der Lieferanten sollte kontinuierlich überwacht werden. Bei Abweichungen in der Leistung oder Qualität des Service eines Lieferanten muss eine angemessene Reaktion erfolgen.

Die folgenden Abschnitte beschreiben alle notwendigen Schritte, um ein wirksames Lieferanten-Management aufzubauen.

### *Contract-Management*

Der Service-Provider ernennt einen Manager, der für alle Anbieterverträge und Vereinbarungen verantwortlich ist. Es wird auch empfohlen, dass jedem Lieferanten ein Ansprechpartner auf der Service-Provider-Seite zugeordnet ist. Darüber hinaus muss ein Verfahren zur Überwachung der Leistung der Lieferanten aufgebaut werden. Jeder Lieferanten-Vertrag umfasst einen Plan für die regelmäßige Überprüfung der Unternehmensziele. Außerdem muss die Grundlage für irgendwelche vertragliche Boni oder Strafen explizit deklariert werden. Compliance oder Verstoß gegen diese Regel müssen dokumentiert und an die zuständigen Verantwortlichen gemeldet werden.

## Service-Definition

Der Service-Provider muss den Umfang der Leistungen für alle Lieferanten-Services definieren. Die Rollen und Verantwortlichkeiten, die Signatur von Genehmigungen und die Voraussetzungen für die Kündigung des Vertrags sind zu bestimmen. Weitere Bestandteile der Service-Definition sind die Zahlung und die Berichterstattung.

## Management von Vertragsstreitigkeiten

Der Service-Provider und der Lieferant definieren in dem Vertrag das Verfahren zur Beilegung von Vertragsstreitigkeiten. Für Streitigkeiten, die nicht über die üblichen Kanäle gelöst werden können, muss ein Eskalationspunkt erzeugt werden. Der Prozess muss auch sicherstellen, dass solche Streitigkeiten dokumentiert sind, entsprechend behandelt und formal abgeschlossen werden.

## 11: Relationship-Prozesse

*Vertragsbeendigung*

Das Contract-Management sollte eine Definition für die regelmäßige und frühzeitige Vertragsbeendigung aufnehmen. Um nicht eine einseitige Abhängigkeit zu riskieren, wird dringend empfohlen, die Übertragung des Service von den Lieferanten an einen Dritten als Teil eines Herstellervertrags zu definieren.

# KAPITEL 12: RESOLUTION-PROZESSE

Die Resolution-Prozesse beinhalten das Incident- und das Problem-Management. Das sind separate Prozesse, auch wenn sie sehr eng miteinander verbunden sind. Incident-Management befasst sich mit der Wiederherstellung des Service für die Nutzer. Im Gegensatz dazu befasst sich das Problem-Management mit der Ermittlung und Beseitigung von Ursachen für große oder wiederkehrende Probleme und sorgt so für eine nachhaltige und stabile Service-Infrastruktur.

## Incident- und Service-Request-Management

Das Incident- und Service-Request-Management hat folgende Zielsetzung: die schnellstmögliche Wiederherstellung der Service-Leistung und die Reaktion auf Service-Anfragen.

Um die vereinbarte Leistung so schnell wie möglich wiederherzustellen, müssen die notwendigen Verfahren definiert und eingehalten werden. Insbesondere hat der Incident-Management-Prozess die folgenden Anforderungen zu gewährleisten:

- Alle Incidents müssen aufgezeichnet werden.

- Es gibt Methoden zur Steuerung der Auswirkungen von Incidents.

- Die Verfahren zur Erfassung, Priorisierung, Bestimmung der Auswirkungen auf das Geschäft, Klassifizierung, Aktualisierung, Eskalation, Auflösung und Schließung aller Vorfälle müssen definiert werden.

- Der Kunde muss immer über den Status der gemeldeten Incidents und Service-Anfragen informiert werden.
- Alle Mitarbeiter im Incident-Management-Prozess müssen Zugriff auf alle relevanten Informationen haben, wie z.b. Known-Errors, Lösungen und die Configuration-Management-Database (CMDB).
- Major-Incidents müssen als solche klassifiziert werden. Ein separater Prozess für die Lösung dieser Störungen muss bereitgestellt werden.

## Praktische Empfehlungen zur Umsetzung des Incident- und Service-Request-Managements

Um die Anforderungen der Spezifikation zu erfüllen, müssen wir sicherstellen, dass das Incident-Management nicht nur als reaktiver sondern auch als proaktiver Prozess designt ist. Der Prozess muss sich auf die Wiederherstellung des betroffenen IT-Services konzentrieren und sich nicht mit der Ermittlung der Ursache befassen.

Der Incident-und-Service-Request-Prozess umfasst Call-Empfang, Aufnahme, Priorisierung, Prüfung der Vorschriften zur Gefahrenabwehr und Verfolgung des Vorfalls und des Bearbeitungsstatus. Darüber hinaus sollten der Grad der Fehlerbearbeitung mit dem Kunden und alle Eskalationsverfahren definiert werden.

Alle Incidents müssen gespeichert werden, so dass die relevanten Informationen identifiziert und analysiert werden können. Der Arbeitsfortschritt muss an alle Betroffenen gemeldet werden. Alle Aktivitäten müssen vollständig in das Incident-Ticket aufgenommen werden.

Wenn möglich, müssen die Kunden in der Lage sein, ihr Geschäft ungestört weiter zu führen. Dies kann auch in Form von Workarounds sein.

## Major-Incidents

Für den Umgang mit Major-Incidents, die eine große Wirkung auf das Geschäft haben können, muss ein gesondertes Verfahren eingerichtet werden. Es ist wichtig, dass diese so genannten Major-Incidents klar definiert sind und kommuniziert werden. Zur Vermeidung solcher großen Probleme brauchen wir einen vorher bestimmten verantwortlichen Manager, der berechtigt ist, alle erforderlichen Maßnahmen (Eskalationen, Einberufung von externen Experten) zu ergreifen, um diesen Major-Incident so schnell wie möglich zu lösen.

## Problem-Management

Problem-Management zielt darauf ab, durch proaktive Identifikation und Analyse der Ursachen von Service-Incidents die Auswirkungen auf das Geschäft zu minimieren.

Das Problem-Management verhindert proaktiv, dass Incidents und Known-Errors sich wiederholen oder wieder auftreten. Die folgenden Spezifikationen müssen erfüllt sein:

- Alle identifizierten Probleme sollten aufgezeichnet sein.

- Es werden Verfahren eingerichtet, um die Auswirkungen von Incidents und Problemen zu identifizieren, zu minimieren und zu verhindern.

- Die Verfahren für die Erfassung, Klassifizierung, Aktualisierung, Eskalation, Auflösung und das Schließen aller Probleme müssen etabliert werden.

- Vorbeugende Maßnahmen sind zu treffen, um mögliche Probleme zu verringern, z.b. Verfolgung von Trendanalysen von Incidents.

- Um die zugrunde liegende Ursache des Problems zu adressieren, müssen Änderungen an den Change-Management-Prozess übergeben werden.

## Praktische Empfehlungen zur Umsetzung des Problem-Managements

Das Problem-Management muss die Ursachen der Incidents erkennen und proaktiv ihre Wiederkehr verhindern. Probleme werden als Known-Errors eingestuft, wenn die Ursache bekannt ist, und bieten ein Lösungsverfahren zur Vermeidung solcher Vorfälle.

Um das Incident-Management mit Informationen zu versorgen, müssen alle Known-Errors und die betroffenen IT-Services dokumentiert und die damit verbundenen Konfigurationsartikel identifiziert werden. Known-Errors werden erst nach der endgültigen, erfolgreichen Lösung geschlossen werden.

Nachdem die Ursache identifiziert wurde, wird die Lösung über den Change-Management-Prozess verarbeitet. Details zu den Fortschritten, potenzielle Workarounds und dauerhafte Lösungen müssen allen Betroffenen mitgeteilt werden.

Zum Schließen von Problem-Tickets sollten immer die folgenden Prüfungen durchgeführt werden:

- Ist die Lösung genau dokumentiert?

- Ist die Ursache kategorisiert, um die weitere Analyse in der Zukunft zu unterstützen?
- Wurden die betroffenen Kunden und Support-Mitarbeiter über die Lösung informiert?
- Hat der Kunde bestätigt, dass er die Lösung akzeptiert?
- Ist der Kunde darüber informiert, wenn keine Lösung gefunden wurde?

Fertige Lösungen müssen im Hinblick auf ihre Wirksamkeit geprüft werden. Insbesondere, Trends erkennen, wie wiederkehrende Probleme und Störungen, Mängel, Fehler, Known-Errors in der geplanten Release oder Ressourcezusagen von Mitarbeitern.

## Proaktives Problem-Management

Mit proaktiven Maßnahmen kann das Auftreten von Incidents und Problemen reduziert werden. Die Vermeidung von Problemen kann zu präventiven Maßnahmen gegen einzelne Incidents führen, wie z.b. strategischen Entscheidungen.

Die präventiven Maßnahmen im Rahmen des Problem-Managements können auch die Schulung der Anwender beinhalten, die Ereignisse aufgrund fehlender Kenntnisse in der Verwaltung der Services auslösen können.

# KAPITEL 13: CONTROL-PROZESSE

Die Control-Prozesse schaffen die notwendigen Bedingungen für einen stabilen und sicheren IT-Betrieb durch eine ordnungsgemäße Verwaltung der IT-Inventarisierung und geordnete Changes in der IT. Change- und Configuration-Management sind die beiden wichtigsten Prozesse im gesamten Prozessmodell.

Diese beiden Prozesse ermöglichen einem Service-Provider, die Service- und Infrastruktur-Komponenten sowie aktuelle und zuverlässige Informationen zu verwalten. Genaue Informationen sind eine Voraussetzung für die Entscheidungsfindung im Change-Management-Prozess, ebenso wie für alle anderen Prozesse der Service-Organisation.

## Configuration-Management

Das Ziel des Configuration-Managements ist es, die Komponenten der Services und der Infrastruktur zu definieren und genaue Informationen darüber zu verwalten.

Der Configuration-Management-Prozess muss folgendes sicherstellen:

• Es muss einen integrierten Ansatz für das Change- und Configuration-Management geben.

• Das Configuration-Management muss eine Schnittstelle zur Finanzbuchhaltung haben.

• Configuration-Items (CIs) und die dazugehörigen Komponenten und Beziehungen müssen definiert werden.

- Die Informationen zu den einzelnen CIs müssen definiert werden.

- Das Configuration-Management bietet die Mechanismen zur Identifizierung, Steuerung und Verfolgung der Versionen der Infrastruktur-Komponenten.

## *Praktische Empfehlungen zur Umsetzung des Configuration-Managements*

Alle wichtigen Assets und Konfigurationen sollten einem verantwortlichen Manager zugeordnet werden, der eine ausreichende Sicherheit und Kontrolle zusichert. Dadurch wird sichergestellt, dass vor der Durchführung von Änderungen an den CIs die Erlaubnis gegeben wurde.

Um den Spezifikationen des Configuration-Management-Prozesses gerecht zu werden, wurden Empfehlungen über die folgenden Themen etabliert:

- Planung und Durchführung
- Konfigurations-Identifizierung
- Konfigurationskontrolle
- Status-Rechnungswesen
- Verifizierung und Audit.

### *Planung und Durchführung*

Bei der Planung für die Umsetzung des Configuration-Managements sollte ein integrierter Ansatz mit dem Change- und Release-Management in Betracht gezogen werden.

Der Konfigurationsplan sollte folgendes beinhalten:

*   Scope, Ziele, Grundsätze, Normen, Rollen und Verantwortlichkeiten
*   Beschreibung der Prozesse für die Definition der CIs und für die Änderungen daran in Service und Infrastruktur, für die Überwachung von Änderungen an den Konfigurationen, für die Erfassung und Übermittlung von Änderungen im CI-Status, und für die Verifizierung der Register
*   Anforderungen der Rechenschaftslegung, Rückverfolgbarkeit und Nachvollziehbarkeit
*   Konfigurationskontrolle (Zugang, Schutz, Version)
*   Schnittstellen zu den Steuerungsprozessen zwischen den beteiligten Organisationen (Lieferanten, Kunden)
*   Planung und Entwicklung von Ressourcen, um die Vermögenswerte unter Kontrolle zu bringen und das Configuration-Management-System zu pflegen
*   Management der Lieferanten, die das Configuration-Management durchführen.

*Konfigurations-Identifizierung und CMDB*

Entsprechende Beziehungen und Abhängigkeiten zwischen CIs sollten geschaffen werden, um das notwendige Maß an Kontrolle zu sichern. Die Service-Organisation ist dafür verantwortlich, die Rückverfolgbarkeit des gesamten CI-Lebenszyklus sicherzustellen. Die CIs sollten zusammen mit den folgenden Informationen in der Configuration-Management-Database (CMDB) erfasst werden:

- Informationen über Informationssysteme und Software sowie zugehörige Dokumentation (Spezifikationen, Design, Bewertungen, usw.)

- Konfigurations-Baselines oder Beschreibungen pro Umgebung

- Master-Hardcopies und elektronische Bibliotheken (z.B. DML: „Definitive Media Library")

- Configuration-Management-Tools oder -Pakete

- Lizenzen

- Sicherheitskomponenten, wie z.b. Firewalls

- Physische Assets, die aus dem Asset-Management verfolgt werden müssen

- Service-Dokumente, z.b. SLAs, Prozeduren

- Serviceverfahren-unterstützende Einrichtungen, z.B. Stromversorgung

- Beziehungen und Abhängigkeiten zwischen CIs.

*Konfigurationskontrolle*

Die Konfigurations-Informationen müssen ständig aktualisiert und für Planung, Entscheidungsfindung und Veränderungen zur Verfügung gestellt werden. Das Configuration-Management hat dafür zu sorgen, dass nur identifizierte und autorisierte CIs akzeptiert und aufgenommen werden. Ohne ausreichende Dokumentation und Kontrolle können CIs nicht hinzugefügt, geändert oder widerrufen werden.

Um die Integrität von Systemen, Dienstleistungen und Infrastruktur zu schützen, werden CIs in einer geeigneten und sicheren Umgebung gehalten. Sie müssen vor unbefugtem Zugriff oder Änderungen geschützt werden. Die

Möglichkeit des Disaster-Recovery muss berücksichtigt werden sowie die kontrollierte Entfernung von einer Kopie der gesicherten Original-Software.

## Reporting des Konfigurationsstatus

Um Änderungen (Status, Standort und Version) von CIs wiederspiegeln zu können, sollten aktuelle und genaue Konfigurationsregister aufbewahrt werden. Configuration-Management-Berichte sollten für alle Beteiligten zur Verfügung stehen. Das Reporting des Konfigurationsstatus muss aktuelle und historische Daten über den gesamten Lebenszyklus der CIs bieten.

## Konfigurations-Verifizierung und Audit

Planmäßige Inspektions- und Audit-Prozesse gewährleisten, dass angemessene Prozesse und Ressourcen vorhanden sind, um die physischen Konfigurationen und das intellektuelle Kapital der Organisation zu schützen. Darüber hinaus gewährleisten diese Prozesse, dass der Service-Provider seine Konfiguration, Master-Kopien und Lizenzen im Griff hat.

Alle drei bis sechs Monate muss ein Configuration-Audit durchgeführt werden, um sicherzustellen, dass die physischen CIs ihren Produkt-Spezifikationen in der CMDB entsprechen.

## Change-Management

Das Ziel des Change-Managements ist es sicherzustellen, dass alle Änderungen mit strukturierten Methoden beurteilt werden, und genehmigt, umgesetzt und überprüft werden.

Der Schwerpunkt liegt hier auf zeitnaher, kostengünstiger Implementierung mit minimalem Risiko für den Betrieb.

Änderungen, wie neue Releases, Updates, Hardware-Änderungen oder durch das Incident- und Problem-Management initiierte Änderungen, beeinflussen immer die Service-Umgebung. Um sicherzustellen, dass alle Änderungen genehmigt, durchgeführt und überprüft werden, steuert der Change-Management-Prozess alle Änderungen in der Systemlandschaft gemäß den folgenden Spezifikationen:

- Das Niveau der Änderungen an Service und Infrastruktur ist klar definiert und dokumentiert.

- Alle Requests-for-Change (RFCs) werden erfasst und klassifiziert.

- Der Change-Management-Prozess muss Lösungen im Falle des Scheiterns schaffen, so dass ein Change durch einen Rollback-Vorgang rückgängig gemacht werden kann.

- Änderungen müssen zunächst angenommen und dann getestet werden. Anschließend werden sie in kontrollierter Weise umgesetzt und in einer Produktionsumgebung eingeführt.

- Alle Änderungen werden nach ihrer Umsetzung überprüft. Notwendige Maßnahmen zur Verbesserung werden identifiziert und initiiert.

- Für die kontrollierte Zulassung und Durchführung von Emergency-Changes müssen eigene Grundsätze und Verfahren festgelegt werden.

*Praktische Empfehlungen zur Umsetzung des Change-Managements*

Die Change-Management-Prozesse und -Verfahren müssen sicherstellen, dass Änderungen einen klar definierten und dokumentierten Umfang haben. Nur Changes mit einem identifizierten Nutzen für das Unternehmen werden zugelassen. Die Changes sollten je nach Priorität und dem potenziellen Risiko geplant werden. Changes an Infrastruktur-Komponenten sollten technisch und qualitativ während der Umsetzung der Changes überprüft werden.

Der Status der Changes und die geplanten Umsetzungsfristen sind die Basis der Change- und Release-Planung. Informationen zu den Terminen sollten allen Beteiligten mitgeteilt werden.

*Schließen und Überprüfung von Change-Requests*

Alle Änderungen müssen nach Erfolg oder Misserfolg der Umsetzung überprüft werden. Jede Verbesserungs-Maßnahme muss identifiziert und umgesetzt werden.

Nach allen Major-Changes muss eine besondere Überprüfung, eine Post-Implementation-Review (PIR), ausgeführt werden. Hier wird geprüft, ob die Änderung das vorgenommene Ziel erreicht hat, ob die Kunden mit den Ergebnissen zufrieden sind, und dass es keine unerwarteten Nebenwirkungen gab.

*Emergency-Changes*

Emergency-Changes müssen dem Change-Prozess so weit wie möglich folgen. Bestimmte Aspekte können nach ihrer Durchführung dokumentiert werden. Wenn der Notfall-

Change-Prozess andere Change-Management-Anforderungen umgeht, muss die Änderung so bald wie möglich mit diesen Anforderungen wieder in Einklang gebracht werden.

Emergency-Changes müssen von dem Implementierer gerechtfertigt werden und nach der Änderung geprüft werden. Es muss ein Nachweis geliefert werden, dass es sich tatsächlich um einen Notfall handelt.

**Release- und Deployment-Management**

Das Release- und Deployment-Management zielt darauf ab, eine oder mehrere Änderungen in die Produktionsumgebung zu liefern und zu verfolgen.

Optimale Planung und ein strukturiertes Management sind entscheidend für den erfolgreichen Einsatz einer Release und für die erforderlichen Begleitmaßnahmen:

- Der Release-Management-Prozess muss in die Operationen der Konfigurations- und Change-Management-Prozesse integriert werden.

- Release-Grundsätze müssen definiert werden, was die Häufigkeit und Art der Releases betrifft. Diese werden dokumentiert und mit dem Kunden vereinbart.

- Der Service-Provider plant die Freigabe der Services, Systeme, Software und Hardware in Koordination mit dem Kunden. Rollout-Pläne für Releases müssen von allen Beteiligten vereinbart werden.

- Der Prozess bietet auch Rollback-Szenarien.

**Praktische Empfehlungen zur Umsetzung des Release-
und Deployment-Managements**

Eine wichtige Aufgabe des Release-Management-Prozesses
ist die Koordination aller Ressourcen, um eine Release in
einer verteilten Umgebung zu installieren. Gute Planung
und gutes Management sind essenziell, um Versionen zu
erstellen, um sie erfolgreich zu verteilen, und um die damit
verbundenen Risiken für das Unternehmen unter Kontrolle
zu halten.

Es ist ratsam, alle Aspekte der Release zusammen mit dem
Geschäftsbetrieb im Voraus zu planen. Das bedeutet, dass
alle Auswirkungen auf alle zugehörigen CIs ausgewertet
werden müssen, und sowohl die technischen und nicht-
technischen Aspekte müssen zusammen betrachtet werden.

Alle Release-Elemente müssen in der Lage sein, zurück-
verfolgt und gegen Veränderung geschützt zu werden. Nur
geprüfte und zugelassene Versionen können in die Produktionsumgebung übernommen werden.

*Release-Policy*

Die Release-Policy sollte mindestens folgende Aspekte
abdecken:

- Frequenz und Art der Veröffentlichung
- Rollen und Verantwortlichkeiten im Release-
  Management
- Entscheidungsgremium für den Transfer zum
  Akzeptanztest und in die Produktionsumgebung
- Eindeutige Identifizierung und Beschreibung der
  Versionen
- Ansatz zur Bündelung von Änderungen an einer Release

- Ansatz zur Automatisierung vom Bau der Release, ihrer Verteilung und ihrer Installation
- Verifizierung und Akzeptanz.

## *Release- und Rollout-Planung*

Die Verteilung ist schließlich die eigentliche Aufgabe und Ziel des Release-Management-Prozesses. Um negative Überraschungen zu vermeiden, muss die Verteilung entsprechend geplant werden. Der Service-Provider muss mit dem Geschäftsbetrieb sicherstellen, dass die CIs einer Release mit der Zielumgebung kompatibel sind. Der Release-Plan sorgt dafür, dass die Änderungen an den betroffenen Systemen und Dienstleistungen vereinbart, autorisiert, geplant, koordiniert und verfolgt werden.

Die folgenden Aspekte müssen berücksichtigt werden:

- Release-Datum und Beschreibung der damit verbundenen Arbeiten
- Damit verbundene Veränderungen, Probleme, Known-Errors und neue, bei der Prüfung gefundene Known-Errors
- Damit verbundene Prozesse
- Back-out-Verfahren
- Akzeptanzprozess
- Kommunikation
- Dokumentation
- Schulung des Kunden
- Logistik und Prozesse für Einkauf, Lagerung, Entsorgung, usw.
- Notwendige Support-Ressourcen

- Identifikation von Abhängigkeiten und von den damit verbundenen Risiken
- Release-Sign-off
- Planung möglicher Audits.

## Design, Bau und Konfiguration einer Release

Nach Erhalt werden die Systeme, die durch die internen oder externen Entwicklungsteams erstellt wurden, durch das Release-Management überprüft und durch das Configuration-Management dokumentiert. Die Veröffentlichung und Verteilung sollten gestaltet sein, um folgende Ziele zu erreichen und zu implementieren:

- Konformität mit den Standards des Service-Providers
- Integrität in allen Phasen
- Verwendung von genehmigten Bibliotheken
- Identifikation von Risiken und Umsetzung von Gegenmaßnahmen
- Überprüfung der Zielplattform vor der Veröffentlichung
- Überprüfung, ob eine Release nach Abschluss der Übertragung komplett ist.

Die Ausgabe des Build-Prozesses bietet uns Versionshinweise, Installationsanweisungen und installierte Software, sowie Hardware, die mit einer Konfigurations-Baseline verbunden ist. Diese Ausgaben werden an die Prüfstandgruppe weitergegeben, die ihre Funktion im Detail untersuchen soll. Zur Erhöhung der Effektivität und der Effizienz sollten diese Phasen so weit wie möglich automatisiert werden.

*Release-Verifizierung und -Genehmigung*

Jede Version muss eine formelle Abzeichnung durch autorisiertes Personal erhalten. Der Prozess der Prüfung und Genehmigung umfasst:

• Prüfung, ob die Testumgebung der Produktionsumgebung entspricht

• Gewissheit, dass die Release aus kontrollierten CIs gebaut wird

• Überprüfung der Durchführung entsprechender Tests

• Gewissheit, dass die Tests zur Zufriedenheit des Kunden und der IT-Abteilung durchgeführt wurden

• Gewissheit, dass die Release-Autorität jede Phase des Abnahmetests abzeichnet

• Überprüfung vor der Installation, dass die Zielplattform die Hardware- und Software-Anforderungen erfüllt

• Überprüfung, dass eine Release nach der Bereitstellung komplett ist.

*Dokumentation*

Es wird empfohlen, angemessene Dokumentation zu liefern und sie unter die Kontrolle des Configuration-Managements zu stellen. Die Dokumentation beinhaltet:

• Volle Unterstützungsdokumentation

• Systemübersichts-, Installations- und Betreuungs-Verfahren

• Build-, Release-, Installations-und Deployment-Prozesse

• Notfall- und Back-out-Pläne

• Schulungspläne für IT und Kunden

• Configuration-Baseline, mit den dazugehörigen CIs

- Damit verbundene Änderungen, Probleme und Known-Errors
- Erkennung der Freigabeberechtigung
- Verifikation und Akzeptanz
- Einzelheiten der Known-Errors müssen dem Incident-Management übermittelt werden
- Wenn die Release abgelehnt, verzögert oder storniert wird, muss das Change-Management informiert werden.

*Rollout, Deployment und Installation*

Der Rollout-Plan muss im Voraus überprüft werden. Es muss sichergestellt werden, dass die Verteilung mit Sicherheit an seiner Bestimmungs-Plattform eingesetzt werden kann. Die Rollout-, Implementierungs- und Installations-Prozesse stellen sicher, dass:

- Alle Hardware-und Software Lagerräume sicher sind
- Geeignete Verfahren für die Lagerung, Lieferung, Empfang und Entsorgung bestehen
- Kontrollen der Anlagen, der Ausrüstung und der elektrischen Einrichtungen geplant und durchgeführt werden
- Alle Beteiligten von neuen Releases wissen
- Unnötige Produkte, Dienstleistungen und Lizenzen deaktiviert sind.

Releases müssen auf Nutzbarkeit und Vollständigkeit überprüft werden. Nach erfolgreicher Installation müssen alle CIs mit Standort und Besitzer aktualisiert werden. Die Ergebnisse der Kundenakzeptanz- und Zufriedenheitsumfragen werden an das Business-Relationship-Management übergeben.

# 13: Control-Prozesse

*Nach Rollout, Implementierung und Installation*

Incidents, die Releases zugeordnet werden können, müssen nach der Implementierung gemessen und analysiert werden. Der Change-Management-Prozess führt eine Post-Implementation-Review (PIR) durch. Empfehlungen aus dieser Überprüfung sollten in den Service-Improvement-Plan (SIP) einbezogen werden.

# KAPITEL 14: VORBEREITUNG AUF DAS AUDIT

Spätestens in der Phase der Vorbereitung auf das interne Audit sollte der endgültige Umfang der Prüfung mit dem Prüfer festgelegt werden, um den Rahmen für die anstehende Zertifizierung zu skizzieren. Der IT-Service-Manager muss auch die Bereitschaft der IT Service-Organisation überwachen, die Dokumente für das interne Audit bereinigen und sie in einem Dossier für den Abschlussprüfer kompilieren. Schließlich müssen die genaue zeitliche Koordinierung und die Ressourcen, die für das interne Audit erforderlich sind, mit der Zertifizierungsgesellschaft vereinbart werden.

Das interne Audit ist ein wesentlicher Indikator für die Situation des Management-Systems.

Basierend auf der Norm ISO/IEC 20000 selbst, ebenso wie auf dem für die Umsetzung des Management-Systems konzipierten Dokument („Umsetzungsplan für IT-Service-Management"), muss der Grad der Einhaltung anhand der Belege oder dokumentarischen Aufzeichnungen ausgewertet werden.

Nicht-Übereinstimmungen, die beim internen Audit identifizierten Verbesserungsaktionen und die vorgeschlagenen Korrekturpläne sind für die Management-Review-Phase unerlässlich.

Das interne Audit wird in der Regel als ein schwergewichtiges Dokumenten-Audit vorgelegt. Aus diesem Grund ist es wichtig, dass die Dokumentation auf klar strukturierte Weise dem Abschlussprüfer präsentiert wird. Der Abschlussprüfer wird auf der Grundlage dieser

Dokumente seinen ersten Eindruck von der Qualität und der ISO/IEC 20000-Reife der IT Service-Organisation bekommen. Das Dokumenten-Management-Framework und das Prozess-Management-System werden hier zum ersten Mal geprüft werden.

Nach der Überprüfung der Dokumente und nach Interviews mit einigen der Prozessmanager erstellt der interne Prüfer einen Bericht über das interne Audit. In diesem Bericht werden die einzelnen Prozesse im Allgemeinen beurteilt und Vorschläge für deren Verbesserung, im Hinblick auf das Zertifizierungsaudit, gemacht.

# BIBLIOGRAPHIE

- ISO/IEC 20000-1:2011 Information technology – Service management – Part 1: Service management system requirements.

- ISO/IEC 20000-2:2005 Information technology – Service management – Part 2: Code of Practice.

- ISO/IEC TR 20000-3:2009 Information technology – Service management – Part 3: Guidance on scope definition and applicability of ISO/IEC 20000-1.

- ISO/IEC TR 20000-4:2010 Information technology – Service management – Part 4: Process reference model.

- ISO/IEC TR 20000-5:2010 Information technology – Service management – Part 5: Exemplar implementation plan for ISO/IEC 20000-1.

- BrightTALK webcast: *Destination ISO/IEC 20000: Industry News and Updates webcast*, Channel: itSMF USA, 17 Feb 2011.

- Network Centric Solutions-2 (NETCENTS-2) Enterprise Integration and Service Management Draft Request for Proposal (RFP), FA8771-09-R-0008.

# ITG-RESSOURCEN

IT Governance Ltd erstellt und liefert Produkte und Dienstleistungen, die die echten, sich entwickelnden IT-Governance-Bedürfnisse der heutigen Unternehmen, Direktoren, Manager und Praktiker erfüllen. Die ITG-Website *(www.itgovernance.co.uk)* ist der internationale One-Stop-Shop für Unternehmens- und IT-Governance-Informationen, Beratung, Betreuung, Bücher, Werkzeuge, Schulung und Beratung.

*www.itgovernance.eu/t-itservicemanagement.aspx#4* ist die Webseite auf der ITG-Website für ISO20000 Ressourcen.

## Andere Websites

Die von IT Governance Publishing (ITGP) veröffentlichten Bücher und Werkzeuge sind bei allen Business-Buchhändlern zu kaufen und sind ebenfalls ab sofort auf folgenden Websites verfügbar:

*www.itgovernance.co.uk/catalog/355* bietet Informationen und Online-Kaufeinrichtungen für alle derzeit verfügbaren von ITGP veröffentlichten Bücher.

*www.itgovernance.eu* bietet ein stetig wachsendes Sortiment von Büchern in europäischen Sprachen außer Englisch. Die Bücher werden aus den Benelux-Ländern versendet, Die Zahlung erfolgt in Euros.

*www.itgovernanceusa.com* ist eine Website, die das gesamte Spektrum der ITG-Produkte nach Nordamerika liefert. Produkte werden aus dem US-Festland versendet, Zahlung in US Dollar.

*www.itgovernanceasia.com* bietet ein ausgewähltes Sortiment von ITGP-Produkten speziell für Kunden in Südasien.

*www.27001.com* ist die IT Governance Ltd Website, die sich speziell mit Information-Security-Management beschäftigt und Produkte vom US-Festland versendet.

## Pocket Guides

Für Details der gesamten Palette von Pocket Guides folgen Sie einfach den Links zu: *www.itgovernance.co.uk/publishing.aspx*.

## Toolkits

ITGs einzigartige Reihe von Toolkits umfasst das „IT Governance Framework Toolkit". Dieses enthält alle Tools und Anleitungen, die Sie zur Entwicklung und Implementierung eines geeigneten IT-Governance-Rahmens für Ihre Organisation benötigen. Ausführliche Informationen finden Sie auf: *www.itgovernance.co.uk/ products/519*.

Ein kostenloses Dokument, wie das proprietäre Calder-Moir IT Governance Framework zu verwenden ist, und eine kostenlose Testversion des Toolkits finden Sie auf: *www.itgovernance.co.uk/calder_moir.aspx*.

Es gibt auch eine breite Palette von Toolkits zur Vereinfachung der Umsetzung von Management-Systemen wie z.B. ein ISO/IEC 27001 ISMS oder BS25999 BCMS. Diese können alle online besichtigt und gekauft werden auf: *www.itgovernance.co.uk/catalog/1*.

## Best-Practice Reports

ITGs Sortiment von Best-Practice-Reports liegt jetzt vor bei *www.itgovernance.co.uk/best-practice-reports.aspx*. Diese bieten Ihnen wesentliche, relevante, kompetent recherchierte Informationen zu einer Reihe von Schlüsselfragen, einschließlich Web 2.0 und Green IT.

## Schulung und Beratung

ITG bietet auch Trainings- und Beratungsleistungen im gesamten Spektrum der Disziplinen in der Information-Governance-Arena. Details der Schulungen können gefunden werden bei *www.itgovernance.co.uk/training.aspx* und Beschreibungen von unseren Beratungsleistungen finden Sie unter *www.itgovernance.co.uk/consulting.aspx*. Warum nicht mit uns Kontakt aufnehmen, um zu erfahren, wie wir Ihnen und Ihrer Organisation helfen können?

## Newsletter

IT-Governance ist heute eines der heißesten Themen in der Wirtschaft, nicht zuletzt, weil es auch das sich am schnellsten bewegende ist. Um mit diesem Tempo Schritt zu halten, gibt es nichts Besseres, als den kostenlosen monatlichen ITG-Newsletter *Sentinel?* zu abonnieren. Er bietet monatliche Updates und Ressourcen über das gesamte Spektrum der IT-Governance-Themen, einschließlich Risiko-Management, Informationssicherheit, ITIL und IT-Service-Management, Projekt-Governance, Compliance und vieles mehr.

Abonnieren Sie kostenlos bei:
*www.itgovernance.co.uk/newsletter.aspx*.

CPSIA information can be obtained at www.ICGtesting.com
Printed in the USA
BVOW03s1155281114

377111BV00021B/306/P